TRANZLATY

Sprache ist für alle da

Η γλώσσα είναι για όλους

Das Kommunistische Manifest

Το Κομμουνιστικό Μανιφέστο

Karl Marx
&
Friedrich Engels

Deutsch / Ελληνικά

Published by Tranzlaty
ISBN: 978-1-80572-350-9
Original text by Karl Marx and Friedrich Engels
The Communist Manifesto
First published in 1848
www.tranzlaty.com

Einleitung
Εισαγωγή

Ein Gespenst geht um in Europa – das Gespenst des Kommunismus

Ένα φάντασμα στοιχειώνει την Ευρώπη – το φάντασμα του κομμουνισμού

Alle Mächte des alten Europa sind eine heilige Allianz eingegangen, um dieses Gespenst auszutreiben

Όλες οι Δυνάμεις της παλιάς Ευρώπης έχουν συνάψει μια ιερή συμμαχία για να ξορκίσουν αυτό το φάντασμα

Papst und Zaren, Metternich und Guizot, französische Radikale und deutsche Polizeispione

Πάπας και τσάρος, Μέτερνιχ και Γκιζό, Γάλλοι ριζοσπάστες και Γερμανοί αστυνομικοί-κατάσκοποι

Wo ist die Oppositionspartei, die von ihren Gegnern an der Macht nicht als kommunistisch verschrien wurde?

Πού είναι το κόμμα της αντιπολίτευσης που δεν έχει επικριθεί ως κομμουνιστικό από τους αντιπάλους του στην εξουσία;

Wo ist die Opposition, die nicht den Brandvorwurf des Kommunismus gegen die fortgeschritteneren Oppositionsparteien zurückgeschleudert hat?

Πού είναι η αντιπολίτευση που δεν έχει ρίξει πίσω τη μομφή του κομμουνισμού, ενάντια στα πιο προηγμένα κόμματα της αντιπολίτευσης;

Und wo ist die Partei, die den Vorwurf nicht gegen ihre reaktionären Gegner erhoben hat?

Και πού είναι το κόμμα που δεν έχει κάνει την κατηγορία εναντίον των αντιδραστικών αντιπάλων του;

Aus dieser Tatsache ergeben sich zweierlei

Δύο πράγματα προκύπτουν από αυτό το γεγονός

I. Der Kommunismus wird bereits von allen europäischen Mächten als eine Macht anerkannt

I. Ο κομμουνισμός αναγνωρίζεται ήδη από όλες τις ευρωπαϊκές δυνάμεις ως ο ίδιος μια δύναμη

II. Es ist höchste Zeit, dass die Kommunisten ihre Ansichten, Ziele und Tendenzen offen vor der ganzen Welt offenlegen

ΙΙ. Είναι καιρός οι κομμουνιστές να δημοσιεύσουν ανοιχτά, ενώπιον όλου του κόσμου, τις απόψεις, τους στόχους και τις τάσεις τους

sie müssen diesem Kindermärchen vom Gespenst des Kommunismus mit einem Manifest der Partei selbst begegnen

Πρέπει να συναντήσουν αυτό το παιδικό παραμύθι του Φαντάσματος του Κομμουνισμού με ένα Μανιφέστο του ίδιου του κόμματος

Zu diesem Zweck haben sich Kommunisten verschiedener Nationalitäten in London versammelt und folgendes Manifest entworfen

Για το σκοπό αυτό, κομμουνιστές διαφόρων εθνικοτήτων συγκεντρώθηκαν στο Λονδίνο και σχεδίασαν το ακόλουθο Μανιφέστο

Dieses Manifest wird in deutscher, englischer, französischer, italienischer, flämischer und dänischer Sprache veröffentlicht

Το παρόν μανιφέστο πρόκειται να δημοσιευθεί στην αγγλική, γαλλική, γερμανική, ιταλική, φλαμανδική και δανική γλώσσα

Und jetzt soll es in allen Sprachen veröffentlicht werden, die Tranzlaty anbietet

Και τώρα πρόκειται να δημοσιευθεί σε όλες τις γλώσσες που προσφέρει το Tranzlaty

Bourgeois und Proletarier

Αστοί και προλετάριοι

Die Geschichte aller bisherigen Gesellschaften ist die Geschichte der Klassenkämpfe

Η ιστορία όλων των μέχρι τώρα υπαρχουσών κοινωνιών είναι η ιστορία των ταξικών αγώνων

Freier und Sklave, Patrizier und Plebejer, Herr und Leibeigener, Zunftmeister und Geselle

Ελεύθερος και δούλος, πατρίκιος και πληβείος, άρχοντας και δουλοπάροικος, αφέντης συντεχνίας και τεχνίτης

mit einem Wort, Unterdrücker und Unterdrückte

Με μια λέξη, καταπιεστής και καταπιεσμένος

Diese sozialen Klassen standen in ständiger Opposition zueinander

Αυτές οι κοινωνικές τάξεις βρίσκονταν σε συνεχή αντίθεση η μία με την άλλη

Sie führten einen ununterbrochenen Kampf. Jetzt versteckt, jetzt offen

Συνέχισαν έναν αδιάκοπο αγώνα. Τώρα κρυμμένο, τώρα ανοιχτό

Ein Kampf, der entweder in einer revolutionären Rekonstitution der Gesellschaft als Ganzes endete

Ένας αγώνας που είτε κατέληξε σε μια επαναστατική ανασύσταση της κοινωνίας στο σύνολό της

oder ein Kampf, der im gemeinsamen Ruin der streitenden Klassen endete

ή μια μάχη που κατέληξε στην κοινή καταστροφή των αντιμαχόμενων τάξεων

Blicken wir zurück auf die früheren Epochen der Geschichte

Ας κοιτάξουμε πίσω στις προηγούμενες εποχές της ιστορίας

Wir finden fast überall eine komplizierte Einteilung der Gesellschaft in verschiedene Ordnungen

Βρίσκουμε σχεδόν παντού μια περίπλοκη διάταξη της κοινωνίας σε διάφορες τάξεις

Es gab schon immer eine mannigfaltige Abstufung des sozialen Ranges

Υπήρχε πάντα μια πολλαπλή διαβάθμιση της κοινωνικής τάξης

Im alten Rom gibt es Patrizier, Ritter, Plebejer, Sklaven

Στην αρχαία Ρώμη έχουμε πατρίκιους, ιππότες, πληβείους, σκλάβους

im Mittelalter: Feudalherren, Vasallen, Zunftmeister, Gesellen, Lehrlinge, Leibeigene

στον Μεσαίωνα: φεουδάρχες, υποτελείς, συντεχνίες-αφέντες, τεχνίτες, μαθητευόμενοι, δουλοπάροικοι

In fast allen diesen Klassen sind wiederum untergeordnete Abstufungen

Σε όλες σχεδόν αυτές τις τάξεις, πάλι, δευτερεύουσες διαβαθμίσεις

Die moderne Bourgeoisie Gesellschaft ist aus den Trümmern der feudalen Gesellschaft hervorgegangen

Η σύγχρονη αστική κοινωνία έχει ξεπηδήσει από τα ερείπια της φεουδαρχικής κοινωνίας

Aber diese neue Gesellschaftsordnung hat die Klassengegensätze nicht beseitigt

Αλλά αυτή η νέα κοινωνική τάξη δεν έχει εξαλείψει τους ταξικούς ανταγωνισμούς

Sie hat nur neue Klassen und neue Unterdrückungsbedingungen geschaffen

Δεν έχει παρά εγκαθιδρύσει νέες τάξεις και νέες συνθήκες καταπίεσης

Sie hat neue Formen des Kampfes an die Stelle der alten gesetzt

Έχει καθιερώσει νέες μορφές πάλης στη θέση των παλιών

Die Epoche, in der wir uns befinden, weist jedoch eine Besonderheit auf

Ωστόσο, η εποχή στην οποία βρισκόμαστε διαθέτει ένα χαρακτηριστικό γνώρισμα

die Epoche der Bourgeoisie hat die Klassengegensätze vereinfacht

Η εποχή της αστικής τάξης απλοποίησε τους ταξικούς ανταγωνισμούς

Die Gesellschaft als Ganzes spaltet sich mehr und mehr in zwei große feindliche Lager

Η κοινωνία στο σύνολό της διαιρείται όλο και περισσότερο σε δύο μεγάλα εχθρικά στρατόπεδα

zwei große soziale Klassen, die sich direkt gegenüberstehen: Bourgeoisie und Proletariat

δύο μεγάλες κοινωνικές τάξεις άμεσα αντιμέτωπες: η αστική τάξη και το προλεταριάτο

Aus den Leibeigenen des Mittelalters gingen die Bürger der ersten Städte hervor

Από τους δουλοπάροικους του Μεσαίωνα ξεπήδησαν οι ναυλωμένοι αστοί των πρώτων πόλεων

Aus diesen Bürgern entwickelten sich die ersten Elemente der Bourgeoisie

Από αυτά τα burgesses αναπτύχθηκαν τα πρώτα στοιχεία της αστικής τάξης

Die Entdeckung Amerikas und die Umrundung des Kaps

Η ανακάλυψη της Αμερικής και η στρογγυλοποίηση του ακρωτηρίου

diese Ereignisse eröffneten der aufstrebenden Bourgeoisie neues Terrain

Αυτά τα γεγονότα άνοιξαν νέο έδαφος για την ανερχόμενη αστική τάξη

Die ostindischen und chinesischen Märkte, die Kolonisierung Amerikas, der Handel mit den Kolonien

Οι αγορές της Ανατολικής Ινδίας και της Κίνας, ο αποικισμός της Αμερικής, το εμπόριο με τις αποικίες

die Vermehrung der Tauschmittel und der Waren überhaupt

Η αύξηση των μέσων ανταλλαγής και γενικά των εμπορευμάτων

Diese Ereignisse gaben dem Handel, der Schiffahrt und der Industrie einen nie gekannten Impuls

Αυτά τα γεγονότα έδωσαν στο εμπόριο, τη ναυσιπλοΐα και τη βιομηχανία μια ώθηση που δεν ήταν ποτέ πριν γνωστή

Sie gab dem revolutionären Element in der wankenden feudalen Gesellschaft eine rasche Entwicklung

Έδωσε γρήγορη ανάπτυξη στο επαναστατικό στοιχείο της παραπαίουσας φεουδαρχικής κοινωνίας

Geschlossene Zünfte hatten das feudale System der industriellen Produktion monopolisiert

Οι κλειστές συντεχνίες είχαν μονοπωλήσει το φεουδαρχικό σύστημα της βιομηχανικής παραγωγής

Doch das reichte den wachsenden Bedürfnissen der neuen Märkte nicht mehr aus

Αλλά αυτό δεν αρκούσε πλέον για τις αυξανόμενες ανάγκες των νέων αγορών

Das Manufaktursystem trat an die Stelle des feudalen Systems der Industrie

Το σύστημα παραγωγής πήρε τη θέση του φεουδαρχικού συστήματος της βιομηχανίας

Die Zunftmeister wurden vom produzierenden Bürgertum auf die Seite gedrängt

Οι συντεχνίες-αφέντες ωθήθηκαν από τη μία πλευρά από τη μεσαία τάξη των κατασκευαστών

Die Arbeitsteilung zwischen den verschiedenen korporativen Innungen verschwand

Ο καταμερισμός εργασίας μεταξύ των διαφόρων εταιρικών συντεχνιών εξαφανίστηκε

Die Arbeitsteilung durchdrang jede einzelne Werkstatt

Ο καταμερισμός εργασίας διείσδυσε σε κάθε εργαστήριο

In der Zwischenzeit wuchsen die Märkte immer weiter und die Nachfrage stieg immer weiter

Εν τω μεταξύ, οι αγορές συνέχισαν να αυξάνονται συνεχώς και η ζήτηση να αυξάνεται συνεχώς

Selbst Fabriken reichten nicht mehr aus, um den Anforderungen gerecht zu werden

Ακόμη και τα εργοστάσια δεν επαρκούσαν πλέον για να ανταποκριθούν στις απαιτήσεις

Daraufhin revolutionierten Dampf und Maschinen die industrielle Produktion

Στη συνέχεια, ο ατμός και τα μηχανήματα έφεραν
επανάσταση στη βιομηχανική παραγωγή
**An die Stelle der Manufaktur trat der Riese, die moderne
Industrie**
Ο τόπος κατασκευής ελήφθη από τον γίγαντα, τη
σύγχρονη βιομηχανία
**An die Stelle des industriellen Mittelstandes traten
industrielle Millionäre**
Τη θέση της βιομηχανικής μεσαίας τάξης πήραν
βιομηχανικοί εκατομμυριούχοι
**an die Stelle der Führer ganzer Industriearmeen trat die
moderne Bourgeoisie**
Τη θέση των ηγετών ολόκληρων βιομηχανικών στρατών
πήρε η σύγχρονη αστική τάξη
**die Entdeckung Amerikas ebnete der modernen Industrie
den Weg zur Etablierung des Weltmarktes**
Η ανακάλυψη της Αμερικής άνοιξε το δρόμο για τη
σύγχρονη βιομηχανία να καθιερώσει την παγκόσμια
αγορά
**Dieser Markt gab dem Handel, der Schifffahrt und der
Kommunikation auf dem Landweg eine ungeheure
Entwicklung**
Αυτή η αγορά έδωσε μια τεράστια ανάπτυξη στο εμπόριο,
τη ναυσιπλοΐα και την επικοινωνία μέσω ξηράς
**Diese Entwicklung hat seinerzeit auf die Ausdehnung der
Industrie reagiert**
Αυτή η εξέλιξη, στην εποχή της, αντέδρασε στην επέκταση
της βιομηχανίας
**Sie reagierte in dem Maße, wie sich die Industrie
ausbreitete, und wie sich Handel, Schiffahrt und Eisenbahn
ausdehnten**
Αντέδρασε ανάλογα με τον τρόπο επέκτασης της
βιομηχανίας και τον τρόπο επέκτασης του εμπορίου, της
ναυσιπλοΐας και των σιδηροδρόμων
**in demselben Maße, in dem sich die Bourgeoisie
entwickelte, vermehrte sie ihr Kapital**

στην ίδια αναλογία που αναπτύχθηκε η αστική τάξη,
αύξησαν το κεφάλαιό τους
**und das Bourgeoisie drängte jede aus dem Mittelalter
überlieferte Klasse in den Hintergrund**
Και η αστική τάξη έσπρωξε στο παρασκήνιο κάθε τάξη που
κληροδότησε από τον Μεσαίωνα
**daher ist die moderne Bourgeoisie selbst das Produkt eines
langen Entwicklungsganges**
Επομένως, η σύγχρονη αστική τάξη είναι η ίδια το προϊόν
μιας μακράς πορείας ανάπτυξης
**Wir sehen, dass es sich um eine Reihe von Revolutionen in
der Produktions- und Tauschweise handelt**
Βλέπουμε ότι είναι μια σειρά επαναστάσεων στους τρόπους
παραγωγής και ανταλλαγής
**Jeder Schritt der Bourgeoisie Entwicklung ging mit einem
entsprechenden politischen Fortschritt einher**
Κάθε αναπτυξιακό βήμα της αστικής τάξης συνοδευόταν
από μια αντίστοιχη πολιτική πρόοδο
**Eine unterdrückte Klasse unter der Herrschaft des feudalen
Adels**
Μια καταπιεσμένη τάξη υπό την κυριαρχία της
φεουδαρχικής αριστοκρατίας
**ein bewaffneter und selbstverwalteter Verein in der
mittelalterlichen Kommune**
Μια ένοπλη και αυτοδιοικούμενη ένωση στη μεσαιωνική
κομμούνα
**hier eine unabhängige Stadtrepublik (wie in Italien und
Deutschland)**
εδώ, μια ανεξάρτητη αστική δημοκρατία (όπως στην Ιταλία
και τη Γερμανία)
**dort ein steuerpflichtiger "dritter Stand" der Monarchie (wie
in Frankreich)**
εκεί, μια φορολογητέα «τρίτη εξουσία» της μοναρχίας
(όπως στη Γαλλία)
Danach, in der Zeit der eigentlichen Herstellung
στη συνέχεια, κατά την περίοδο της κατασκευής καθαυτό

die Bourgeoisie diente entweder der halbfeudalen oder der absoluten Monarchie

Η αστική τάξη υπηρετούσε είτε τη μισοφεουδαρχική είτε την απόλυτη μοναρχία

oder die Bourgeoisie fungierte als Gegengewicht zum Adel

ή η αστική τάξη ενήργησε ως αντίβαρο ενάντια στην αριστοκρατία

und in der Tat war die Bourgeoisie ein Eckpfeiler der großen Monarchien überhaupt

Και, στην πραγματικότητα, η αστική τάξη ήταν ο ακρογωνιαίος λίθος των μεγάλων μοναρχιών γενικά

aber die moderne Industrie und der Weltmarkt haben sich seitdem etabliert

αλλά η σύγχρονη βιομηχανία και η παγκόσμια αγορά καθιερώθηκαν από τότε

und die Bourgeoisie hat sich die ausschließliche politische Herrschaft erobert

Και η αστική τάξη έχει κατακτήσει για τον εαυτό της την αποκλειστική πολιτική κυριαρχία

sie erreichte diese politische Herrschaft durch den modernen repräsentativen Staat

πέτυχε αυτή την πολιτική κυριαρχία μέσω του σύγχρονου αντιπροσωπευτικού κράτους

Die Exekutive des modernen Staates ist nichts anderes als ein Verwaltungskomitee

Τα εκτελεστικά όργανα του σύγχρονου κράτους δεν είναι παρά μια διαχειριστική επιτροπή

und sie leiten die gemeinsamen Angelegenheiten der gesamten Bourgeoisie

και διαχειρίζονται τις κοινές υποθέσεις ολόκληρης της αστικής τάξης

Die Bourgeoisie hat historisch gesehen eine höchst revolutionäre Rolle gespielt

Η αστική τάξη, ιστορικά, έχει παίξει έναν πιο επαναστατικό ρόλο

Wo immer sie die Oberhand gewann, machte sie allen feudalen, patriarchalischen und idyllischen Verhältnissen ein Ende

Όπου πήρε το πάνω χέρι, έβαλε τέλος σε όλες τις φεουδαρχικές, πατριαρχικές και ειδυλλιακές σχέσεις

Sie hat erbarmungslos die bunten feudalen Bande zerrissen, die den Menschen an seine "natürlichen Vorgesetzten" banden

Διέλυσε ανελέητα τους ετερόκλητους φεουδαρχικούς δεσμούς που έδεναν τον άνθρωπο με τους «φυσικούς ανωτέρους» του

Und es ist kein Nexus zwischen Mensch und Mensch übrig geblieben, außer nacktem Eigeninteresse

Και δεν έχει αφήσει κανένα δεσμό μεταξύ ανθρώπου και ανθρώπου, εκτός από το γυμνό προσωπικό συμφέρον

Die Beziehungen der Menschen zueinander sind zu nichts anderem geworden als zu einer gefühllosen "Geldzahlung"

Οι σχέσεις του ανθρώπου μεταξύ τους δεν έχουν γίνει τίποτα περισσότερο από ανάλγητες «πληρωμές σε μετρητά»

Sie hat die himmlischsten Ekstasen religiöser Inbrunst ertränkt

Έχει πνίξει τις πιο ουράνιες εκστάσεις θρησκευτικού ζήλου

sie hat ritterlichen Enthusiasmus und philiströsen Sentimentalismus übertönt

Έχει πνίξει τον ιπποτικό ενθουσιασμό και τον φιλισταϊκό συναισθηματισμό

Sie hat diese Dinge im eisigen Wasser des egoistischen Kalküls ertränkt

Έχει πνίξει αυτά τα πράγματα στο παγωμένο νερό του εγωιστικού υπολογισμού

Sie hat den persönlichen Wert in Tauschwert aufgelöst

Έχει μετατρέψει την προσωπική αξία σε ανταλλάξιμη αξία

Sie hat die zahllosen und unveräußerlichen verbrieften Freiheiten ersetzt

Έχει αντικαταστήσει τις αναρίθμητες και ανέφικτες
κατοχυρωμένες ελευθερίες
**und sie hat eine einzige, skrupellose Freiheit geschaffen;
Freihandel**
Και έχει δημιουργήσει μια ενιαία, παράλογη ελευθερία.
Ελεύθερο εμπόριο
Mit einem Wort, sie hat dies für die Ausbeutung getan
Με μια λέξη, το έκανε αυτό για εκμετάλλευση
**Ausbeutung, verschleiert durch religiöse und politische
Illusionen**
εκμετάλλευση καλυμμένη από θρησκευτικές και πολιτικές
αυταπάτες
**Ausbeutung verschleiert durch nackte, schamlose, direkte,
brutale Ausbeutung**
εκμετάλλευση καλυμμένη με γυμνή, ξεδιάντροπη, άμεση,
βάναυση εκμετάλλευση
**die Bourgeoisie hat den Heiligenschein von jedem zuvor
geehrten und verehrten Beruf abgestreift**
Η αστική τάξη έχει απογυμνώσει το φωτοστέφανο από
κάθε προηγουμένως τιμημένο και σεβαστό επάγγελμα
**der Arzt, der Advokat, der Priester, der Dichter und der
Mann der Wissenschaft**
Ο γιατρός, ο δικηγόρος, ο ιερέας, ο ποιητής και ο άνθρωπος
της επιστήμης
**Sie hat diese ausgezeichneten Arbeiter in ihre bezahlten
Lohnarbeiter verwandelt**
Έχει μετατρέψει αυτούς τους διακεκριμένους εργάτες σε
μισθωτούς εργάτες της
**Die Bourgeoisie hat der Familie den sentimentalen Schleier
weggerissen**
Η αστική τάξη έχει σκίσει το συναισθηματικό πέπλο
μακριά από την οικογένεια
**Und sie hat das Familienverhältnis auf ein bloßes
Geldverhältnis reduziert**
Και έχει μειώσει την οικογενειακή σχέση σε μια απλή
χρηματική σχέση

die brutale Zurschaustellung der Kraft im Mittelalter, die die Reaktionäre so sehr bewundern

η βάναυση επίδειξη σθένους κατά τον Μεσαίωνα που τόσο θαυμάζουν οι αντιδραστικοί

Auch diese fand ihre passende Ergänzung in der trägesten Trägheit

Ακόμη και αυτό βρήκε το κατάλληλο συμπλήρωμά του στην πιο νωθρή νωθρότητα

Die Bourgeoisie hat enthüllt, wie es dazu gekommen ist

Η αστική τάξη έχει αποκαλύψει πώς συνέβησαν όλα αυτά

Die Bourgeoisie war die erste, die gezeigt hat, was die Tätigkeit des Menschen bewirken kann

Η αστική τάξη ήταν η πρώτη που έδειξε τι μπορεί να επιφέρει η δραστηριότητα του ανθρώπου

Sie hat Wunder vollbracht, die ägyptische Pyramiden, römische Aquädukte und gotische Kathedralen bei weitem übertreffen

Έχει επιτύχει θαύματα που ξεπερνούν κατά πολύ τις αιγυπτιακές πυραμίδες, τα ρωμαϊκά υδραγωγεία και τους γοτθικούς καθεδρικούς ναούς

und sie hat Expeditionen durchgeführt, die alle früheren Auszüge von Nationen und Kreuzzügen in den Schatten stellten

και έχει πραγματοποιήσει εκστρατείες που έβαλαν στη σκιά όλες τις προηγούμενες εξόδους εθνών και σταυροφορίες

Die Bourgeoisie kann nicht existieren, ohne die Produktionsmittel ständig zu revolutionieren

Η αστική τάξη δεν μπορεί να υπάρξει χωρίς συνεχή επαναστατικοποίηση των μέσων παραγωγής

und damit kann sie nicht ohne ihre Beziehungen zur Produktion existieren

Και έτσι δεν μπορεί να υπάρξει χωρίς τις σχέσεις της με την παραγωγή

und deshalb kann sie nicht ohne ihre Beziehungen zur Gesellschaft existieren

Και ως εκ τούτου δεν μπορεί να υπάρξει χωρίς τις σχέσεις της με την κοινωνία

Alle früheren Industrieklassen hatten eine Bedingung gemeinsam

Όλες οι προηγούμενες βιομηχανικές τάξεις είχαν μια κοινή προϋπόθεση

Sie setzten auf die Bewahrung der alten Produktionsweisen

Βασίζονταν στη διατήρηση των παλαιών τρόπων παραγωγής

aber die Bourgeoisie brachte eine völlig neue Dynamik mit sich

αλλά η αστική τάξη έφερε μαζί της μια εντελώς νέα δυναμική

Ständige Revolutionierung der Produktion und ununterbrochene Störung aller gesellschaftlichen Verhältnisse

Συνεχής επαναστατικοποίηση της παραγωγής και αδιάκοπη διατάραξη όλων των κοινωνικών συνθηκών

diese immerwährende Unsicherheit und Unruhe unterscheidet die Epoche der Bourgeoisie von allen früheren

Αυτή η αιώνια αβεβαιότητα και αναταραχή διακρίνει την εποχή της αστικής τάξης από όλες τις προηγούμενες

Die bisherigen Beziehungen zur Produktion waren mit alten und ehrwürdigen Vorurteilen und Meinungen verbunden

Οι προηγούμενες σχέσεις με την παραγωγή συνοδεύονταν από αρχαίες και σεβάσμιες προκαταλήψεις και απόψεις

Aber all diese festgefahrenen, eingefrorenen Beziehungen werden hinweggefegt

Αλλά όλες αυτές οι σταθερές, γρήγορα παγωμένες σχέσεις σαρώνονται

Alle neu gebildeten Verhältnisse werden antiquiert, bevor sie erstarren können

Όλες οι νεοσχηματισμένες σχέσεις απαρχαιώνονται πριν μπορέσουν να αποστεωθούν

Alles, was fest ist, zerschmilzt in Luft, und alles, was heilig ist, wird entweiht

Ό,τι είναι στερεό λιώνει στον αέρα και ό,τι είναι άγιο βεβηλώνεται

Der Mensch ist endlich gezwungen, mit nüchternen Sinnen seinen wirklichen Lebensbedingungen ins Auge zu sehen

Ο άνθρωπος είναι επιτέλους υποχρεωμένος να αντιμετωπίσει με νηφάλιες αισθήσεις τις πραγματικές συνθήκες της ζωής του

und er ist gezwungen, sich seinen Beziehungen zu seinesgleichen zu stellen

Και είναι υποχρεωμένος να αντιμετωπίσει τις σχέσεις του με το είδος του

Die Bourgeoisie muss ständig ihre Märkte für ihre Produkte erweitern

Η αστική τάξη χρειάζεται συνεχώς να επεκτείνει τις αγορές της για τα προϊόντα της

und deshalb wird die Bourgeoisie über die ganze Erdoberfläche gejagt

Και, εξαιτίας αυτού, η αστική τάξη καταδιώκεται σε όλη την επιφάνεια του πλανήτη

Die Bourgeoisie muss sich überall einnisten, sich überall niederlassen, überall Verbindungen herstellen

Η αστική τάξη πρέπει να φωλιάσει παντού, να εγκατασταθεί παντού, να δημιουργήσει συνδέσεις παντού

Die Bourgeoisie muss in jedem Winkel der Welt Märkte schaffen, um sie auszubeuten

Η αστική τάξη πρέπει να δημιουργήσει αγορές σε κάθε γωνιά του κόσμου για εκμετάλλευση

Die Produktion und der Konsum in jedem Land haben einen kosmopolitischen Charakter erhalten

Η παραγωγή και η κατανάλωση σε κάθε χώρα έχει αποκτήσει κοσμοπολίτικο χαρακτήρα

der Verdruss der Reaktionäre ist mit Händen zu greifen, aber er hat sich trotzdem fortgesetzt

Η θλίψη των αντιδραστικών είναι αισθητή, αλλά συνεχίστηκε ανεξάρτητα

Die Bourgeoisie hat der Industrie den nationalen Boden, auf dem sie stand, unter den Füßen weggezogen

Η αστική τάξη άντλησε κάτω από τα πόδια της βιομηχανίας το εθνικό έδαφος πάνω στο οποίο βρισκόταν

Alle alteingesessenen nationalen Industrien sind zerstört worden oder werden täglich zerstört

Όλες οι παλιές εθνικές βιομηχανίες έχουν καταστραφεί ή καταστρέφονται καθημερινά

Alle alteingesessenen nationalen Industrien werden durch neue Industrien verdrängt

Όλες οι παλαιές εθνικές βιομηχανίες εκτοπίζονται από νέες βιομηχανίες

Ihre Einführung wird zu einer Frage von Leben und Tod für alle zivilisierten Völker

Η εισαγωγή τους γίνεται ζήτημα ζωής και θανάτου για όλα τα πολιτισμένα έθνη

Sie werden von Industrien verdrängt, die keine heimischen Rohstoffe mehr verarbeiten

εκτοπίζονται από βιομηχανίες που δεν παράγουν πλέον εγχώριες πρώτες ύλες

Stattdessen beziehen diese Industrien Rohstoffe aus den entlegensten Zonen

Αντ 'αυτού, αυτές οι βιομηχανίες αντλούν πρώτες ύλες από τις πιο απομακρυσμένες ζώνες

Industrien, deren Produkte nicht nur zu Hause, sondern in allen Teilen der Welt konsumiert werden

βιομηχανίες των οποίων τα προϊόντα καταναλώνονται, όχι μόνο στο σπίτι, αλλά σε κάθε τέταρτο του πλανήτη

An die Stelle der alten Bedürfnisse, die durch die Erzeugnisse des Landes befriedigt werden, treten neue Bedürfnisse

Στη θέση των παλιών επιθυμιών, που ικανοποιούνται από τις παραγωγές της χώρας, βρίσκουμε νέες επιθυμίες

Diese neuen Bedürfnisse bedürfen zu ihrer Befriedigung der Produkte aus fernen Ländern und Klimazonen

Αυτές οι νέες επιθυμίες απαιτούν για την ικανοποίησή τους τα προϊόντα μακρινών χωρών και κλιμάτων

An die Stelle der alten lokalen und nationalen Abgeschiedenheit und Selbstversorgung tritt der Handel

Στη θέση της παλιάς τοπικής και εθνικής απομόνωσης και αυτάρκειας, έχουμε το εμπόριο

internationaler Austausch in alle Richtungen; universelle Interdependenz der Nationen

διεθνείς ανταλλαγές προς κάθε κατεύθυνση. Παγκόσμια αλληλεξάρτηση των εθνών

Und so wie wir von Materialien abhängig sind, so sind wir von der intellektuellen Produktion abhängig

Και ακριβώς όπως έχουμε εξάρτηση από τα υλικά, έτσι εξαρτόμαστε και από την πνευματική παραγωγή

Die geistigen Schöpfungen der einzelnen Nationen werden zum Gemeingut

Οι πνευματικές δημιουργίες των μεμονωμένων εθνών γίνονται κοινή ιδιοκτησία

Nationale Einseitigkeit und Engstirnigkeit werden immer unmöglicher

Η εθνική μονομέρεια και η στενοκεφαλιά γίνονται όλο και πιο αδύνατες

Und aus den zahlreichen nationalen und lokalen Literaturen entsteht eine Weltliteratur

Και από τις πολυάριθμες εθνικές και τοπικές λογοτεχνίες, προκύπτει μια παγκόσμια λογοτεχνία

durch die rasche Verbesserung aller Produktionsmittel

με την ταχεία βελτίωση όλων των μέσων παραγωγής

durch die immens erleichterten Kommunikationsmittel

με τα εξαιρετικά διευκολυνόμενα μέσα επικοινωνίας

Die Bourgeoisie zieht alle (auch die barbarischsten Nationen) in die Zivilisation hinein

Η αστική τάξη έλκει όλους (ακόμα και τα πιο βάρβαρα έθνη) στον πολιτισμό

Die billigen Preise seiner Waren; die schwere Artillerie, die alle chinesischen Mauern niederreißt

Οι φθηνές τιμές των εμπορευμάτων της. το βαρύ
πυροβολικό που χτυπά όλα τα κινεζικά τείχη
**Der hartnäckige Fremdenhass der Barbaren wird zur
Kapitulation gezwungen**
Το έντονα πεισματικό μίσος των βαρβάρων για τους ξένους
αναγκάζεται να συνθηκολογήσει
**Sie zwingt alle Nationen, unter Androhung des
Aussterbens, die Bourgeoisie Produktionsweise
anzunehmen**
Αναγκάζει όλα τα έθνη, επί ποινή εξαφάνισης, να
υιοθετήσουν τον αστικό τρόπο παραγωγής
**Sie zwingt sie, das, was sie Zivilisation nennt, in ihre Mitte
einzuführen**
Τους αναγκάζει να εισαγάγουν αυτό που αποκαλεί
πολιτισμό ανάμεσά τους
**Die Bourgeoisie zwingt die Barbaren, selbst zur Bourgeoisie
zu werden**
Η αστική τάξη αναγκάζει τους βαρβάρους να γίνουν οι
ίδιοι αστοί
**mit einem Wort, die Bourgeoisie schafft sich eine Welt nach
ihrem Bilde**
Με μια λέξη, η αστική τάξη δημιουργεί έναν κόσμο
σύμφωνα με τη δική της εικόνα
**Die Bourgeoisie hat das Land der Herrschaft der Städte
unterworfen**
Η αστική τάξη έχει υποτάξει την ύπαιθρο στην κυριαρχία
των πόλεων
**Sie hat riesige Städte geschaffen und die Stadtbevölkerung
stark vergrößert**
Δημιούργησε τεράστιες πόλεις και αύξησε σημαντικά τον
αστικό πληθυσμό
**Sie rettete einen beträchtlichen Teil der Bevölkerung vor der
Idiotie des Landlebens**
Έσωσε ένα σημαντικό μέρος του πληθυσμού από την
ηλιθιότητα της αγροτικής ζωής

Aber sie hat die Menschen auf dem Lande von den Städten abhängig gemacht

Αλλά έχει κάνει εκείνους στην ύπαιθρο εξαρτημένους από τις πόλεις

Und ebenso hat sie die barbarischen Länder von den zivilisierten abhängig gemacht

Και ομοίως, έχει καταστήσει τις βαρβαρικές χώρες εξαρτημένες από τις πολιτισμένες

Bauernnationen gegen Völker der Bourgeoisie, Osten gegen Westen

έθνη των αγροτών στα έθνη της αστικής τάξης, η Ανατολή στη Δύση

Die Bourgeoisie beseitigt den zerstreuten Zustand der Bevölkerung mehr und mehr

Η αστική τάξη καταργεί όλο και περισσότερο τη διασκορπισμένη κατάσταση του πληθυσμού

Sie hat die Produktion agglomeriert und das Eigentum in wenigen Händen konzentriert

Έχει συσσωματώσει την παραγωγή και έχει συγκεντρώσει την ιδιοκτησία σε λίγα χέρια

Die notwendige Konsequenz daraus war eine politische Zentralisierung

Η αναγκαία συνέπεια αυτού ήταν ο πολιτικός συγκεντρωτισμός

Es gab unabhängige Nationen und lose miteinander verbundene Provinzen

Υπήρχαν ανεξάρτητα έθνη και χαλαρά συνδεδεμένες επαρχίες

Sie hatten getrennte Interessen, Gesetze, Regierungen und Steuersysteme

Είχαν ξεχωριστά συμφέροντα, νόμους, κυβερνήσεις και συστήματα φορολογίας

Aber sie sind zu einer Nation zusammengeschmolzen, mit einer Regierung

Αλλά έχουν συγκεντρωθεί σε ένα έθνος, με μια κυβέρνηση

Sie haben jetzt ein nationales Klasseninteresse, eine Grenze und einen Zolltarif

Τώρα έχουν ένα εθνικό ταξικό συμφέρον, ένα μεθοριακό και ένα δασμολόγιο

Und dieses nationale Klasseninteresse ist unter einem Gesetzbuch vereinigt

Και αυτό το εθνικό ταξικό συμφέρον ενοποιείται κάτω από έναν κώδικα δικαίου

die Bourgeoisie hat während ihrer knapp hundertjährigen Herrschaft viel erreicht

Η αστική τάξη έχει επιτύχει πολλά κατά τη διάρκεια της κυριαρχίας της για μόλις εκατό χρόνια

massivere und kolossalere Produktivkräfte als alle vorhergehenden Generationen zusammen

πιο μαζικές και κολοσσιαίες παραγωγικές δυνάμεις από όλες τις προηγούμενες γενιές μαζί

Die Kräfte der Natur sind dem Willen des Menschen und seiner Maschinerie unterworfen

Οι δυνάμεις της φύσης υποτάσσονται στη θέληση του ανθρώπου και των μηχανών του

Die Chemie wird auf alle Industrieformen und Landwirtschaftsformen angewendet

Η χημεία εφαρμόζεται σε όλες τις μορφές βιομηχανίας και τους τύπους γεωργίας

Dampfschiffahrt, Eisenbahnen, elektrische Telegraphen und die Druckerpresse

ατμοπλοΐα, σιδηρόδρομοι, ηλεκτρικοί τηλέγραφοι και τυπογραφείο

Rodung ganzer Kontinente für den Anbau, Kanalisierung von Flüssen

εκκαθάριση ολόκληρων ηπείρων για καλλιέργεια, διοχέτευση ποταμών

ganze Populationen wurden aus dem Boden gezaubert und an die Arbeit gebracht

Ολόκληροι πληθυσμοί έχουν εκδιωχθεί από το έδαφος και έχουν τεθεί σε λειτουργία

Welches frühere Jahrhundert hatte auch nur eine Ahnung von dem, was entfesselt werden könnte?

Ποιος προηγούμενος αιώνας είχε έστω και ένα προαίσθημα για το τι θα μπορούσε να απελευθερωθεί;

Wer hat vorausgesagt, dass solche Produktivkräfte im Schoß der gesellschaftlichen Arbeit schlummern?

Ποιος προέβλεψε ότι τέτοιες παραγωγικές δυνάμεις κοιμόντουσαν στην αγκαλιά της κοινωνικής εργασίας;

Wir sehen also, daß die Produktions- und Tauschmittel in der feudalen Gesellschaft erzeugt wurden

Βλέπουμε λοιπόν ότι τα μέσα παραγωγής και ανταλλαγής δημιουργήθηκαν στη φεουδαρχική κοινωνία

die Produktionsmittel, auf deren Grundlage sich die Bourgeoisie aufbaute

τα μέσα παραγωγής πάνω στα θεμέλια των οποίων οικοδομήθηκε η αστική τάξη·

Auf einer bestimmten Stufe der Entwicklung dieser Produktions- und Tauschmittel

Σε ένα ορισμένο στάδιο της ανάπτυξης αυτών των μέσων παραγωγής και ανταλλαγής

die Bedingungen, unter denen die feudale Gesellschaft produzierte und tauschte

τις συνθήκες υπό τις οποίες η φεουδαρχική κοινωνία παρήγαγε και αντάλλασσε·

Die feudale Organisation der Landwirtschaft und des verarbeitenden Gewerbes

Η φεουδαρχική οργάνωση της γεωργίας και της μεταποιητικής βιομηχανίας

Die feudalen Eigentumsverhältnisse waren mit den materiellen Verhältnissen nicht mehr vereinbar

Οι φεουδαρχικές σχέσεις ιδιοκτησίας δεν ήταν πλέον συμβατές με τις υλικές συνθήκες

Sie mussten gesprengt werden, also wurden sie auseinandergesprengt

Έπρεπε να εκραγούν, έτσι έσκασαν κάτω

An ihre Stelle trat die freie Konkurrenz der Produktivkräfte

Στη θέση τους μπήκε ο ελεύθερος ανταγωνισμός από τις παραγωγικές δυνάμεις

Und sie wurden von einer ihr angepassten sozialen und politischen Verfassung begleitet

και συνοδεύονταν από ένα κοινωνικό και πολιτικό σύνταγμα προσαρμοσμένο σε αυτό

und sie wurde begleitet von der ökonomischen und politischen Herrschaft der Bourgeoisie Klasse

και συνοδεύτηκε από την οικονομική και πολιτική κυριαρχία της αστικής τάξης

Eine ähnliche Bewegung vollzieht sich vor unseren eigenen Augen

Ένα παρόμοιο κίνημα συμβαίνει μπροστά στα μάτια μας

Die moderne Bourgeoisie Gesellschaft mit ihren Produktions-, Tausch- und Eigentumsverhältnissen

Η σύγχρονη αστική κοινωνία με τις σχέσεις παραγωγής, ανταλλαγής και ιδιοκτησίας

eine Gesellschaft, die so gigantische Produktions- und Tauschmittel heraufbeschworen hat

Μια κοινωνία που έχει επινοήσει τέτοια γιγαντιαία μέσα παραγωγής και ανταλλαγής

Es ist wie der Zauberer, der die Mächte der Unterwelt heraufbeschworen hat

Είναι σαν τον μάγο που επικαλέστηκε τις δυνάμεις του κάτω κόσμου

Aber er ist nicht mehr in der Lage, zu kontrollieren, was er in die Welt gebracht hat

Αλλά δεν είναι πλέον σε θέση να ελέγξει αυτό που έχει φέρει στον κόσμο

Viele Jahrzehnte lang war die vergangene Geschichte durch einen roten Faden miteinander verbunden

Για πολλές δεκαετίες η ιστορία ήταν δεμένη με ένα κοινό νήμα

Die Geschichte der Industrie und des Handels ist nichts anderes als die Geschichte der Revolten

Η ιστορία της βιομηχανίας και του εμπορίου δεν ήταν παρά η ιστορία των εξεγέρσεων

die Revolten der modernen Produktivkräfte gegen die modernen Produktionsbedingungen

τις εξεγέρσεις των σύγχρονων παραγωγικών δυνάμεων ενάντια στις σύγχρονες συνθήκες παραγωγής

die Revolten der modernen Produktivkräfte gegen die Eigentumsverhältnisse

τις εξεγέρσεις των σύγχρονων παραγωγικών δυνάμεων ενάντια στις σχέσεις ιδιοκτησίας

diese Eigentumsverhältnisse sind die Bedingungen für die Existenz der Bourgeoisie

Αυτές οι σχέσεις ιδιοκτησίας είναι οι όροι ύπαρξης της αστικής τάξης

und die Existenz der Bourgeoisie bestimmt die Regeln der Eigentumsverhältnisse

Και η ύπαρξη της αστικής τάξης καθορίζει τους κανόνες για τις σχέσεις ιδιοκτησίας

Es genügt, die periodische Wiederkehr von Handelskrisen zu erwähnen

Αρκεί να αναφέρουμε την περιοδική επιστροφή των εμπορικών κρίσεων

jede Handelskrise ist für die Bourgeoisie Gesellschaft bedrohlicher als die letzte

κάθε εμπορική κρίση είναι πιο απειλητική για την αστική κοινωνία από την προηγούμενη

In diesen Krisen wird ein großer Teil der bestehenden Produkte vernichtet

Σε αυτές τις κρίσεις ένα μεγάλο μέρος των υπαρχόντων προϊόντων καταστρέφεται

Diese Krisen zerstören aber auch die zuvor geschaffenen Produktivkräfte

Αλλά αυτές οι κρίσεις καταστρέφουν επίσης τις παραγωγικές δυνάμεις που δημιουργήθηκαν προηγουμένως

In allen früheren Epochen wären diese Epidemien als Absurdität erschienen
Σε όλες τις προηγούμενες εποχές αυτές οι επιδημίες θα φαίνονταν παραλογισμός
denn diese Epidemien sind die kommerziellen Krisen der Überproduktion
Επειδή αυτές οι επιδημίες είναι οι εμπορικές κρίσεις της υπερπαραγωγής
Die Gesellschaft befindet sich plötzlich wieder in einem Zustand der momentanen Barbarei
Η κοινωνία ξαφνικά βρίσκεται ξανά σε μια κατάσταση στιγμιαίας βαρβαρότητας
als ob ein allgemeiner Verwüstungskrieg jede Möglichkeit des Lebensunterhalts abgeschnitten hätte
Λες και ένας παγκόσμιος πόλεμος καταστροφής είχε κόψει κάθε μέσο επιβίωσης
Industrie und Handel scheinen zerstört worden zu sein; Und warum?
η βιομηχανία και το εμπόριο φαίνεται να έχουν καταστραφεί· Και γιατί;
Weil es zu viel Zivilisation und Subsistenzmittel gibt
Επειδή υπάρχει πάρα πολύς πολιτισμός και μέσα διαβίωσης
Und weil es zu viel Industrie und zu viel Handel gibt
Και επειδή υπάρχει πάρα πολλή βιομηχανία και πάρα πολύ εμπόριο
Die Produktivkräfte, die der Gesellschaft zur Verfügung stehen, entwickeln nicht mehr das Bourgeoisie Eigentum
Οι παραγωγικές δυνάμεις που έχει στη διάθεσή της η κοινωνία δεν αναπτύσσουν πλέον την αστική ιδιοκτησία
im Gegenteil, sie sind zu mächtig geworden für diese Verhältnisse, durch die sie gefesselt sind
Αντίθετα, έχουν γίνει πολύ ισχυροί για αυτές τις συνθήκες, από τις οποίες δεσμεύονται
sobald sie diese Fesseln überwunden haben, bringen sie Unordnung in die ganze Bourgeoisie Gesellschaft

Μόλις ξεπεράσουν αυτά τα δεσμά, φέρνουν αταξία σε ολόκληρη την αστική κοινωνία

und die Produktivkräfte gefährden die Existenz des Bourgeoisie Eigentums

και οι παραγωγικές δυνάμεις θέτουν σε κίνδυνο την ύπαρξη της αστικής ιδιοκτησίας

Die Bedingungen der Bourgeoisie Gesellschaft sind zu eng, um den von ihnen geschaffenen Reichtum zu erfassen

Οι συνθήκες της αστικής κοινωνίας είναι πολύ στενές για να περιλαμβάνουν τον πλούτο που δημιουργείται από αυτές

Und wie überwindet die Bourgeoisie diese Krisen?

Και πώς ξεπερνάει η αστική τάξη αυτές τις κρίσεις;

Einerseits überwindet sie diese Krisen durch die erzwungene Vernichtung einer Masse von Produktivkräften

Από τη μια πλευρά, ξεπερνά αυτές τις κρίσεις με την αναγκαστική καταστροφή μιας μάζας παραγωγικών δυνάμεων

Andererseits überwindet sie diese Krisen durch die Eroberung neuer Märkte

Από την άλλη πλευρά, ξεπερνά αυτές τις κρίσεις με την κατάκτηση νέων αγορών

Und sie überwindet diese Krisen durch die gründlichere Ausbeutung der alten Produktivkräfte

Και ξεπερνά αυτές τις κρίσεις με την πιο ολοκληρωτική εκμετάλλευση των παλιών παραγωγικών δυνάμεων

Das heißt, indem sie den Weg für umfangreichere und zerstörerischere Krisen ebnen

Δηλαδή, ανοίγοντας το δρόμο για πιο εκτεταμένες και πιο καταστροφικές κρίσεις

Sie überwindet die Krise, indem sie die Mittel zur Krisenprävention einschränkt

Ξεπερνά την κρίση μειώνοντας τα μέσα πρόληψης των κρίσεων

Die Waffen, mit denen die Bourgeoisie den Feudalismus zu Fall brachte, sind jetzt gegen sich selbst gerichtet

Τα όπλα με τα οποία η αστική τάξη έριξε τη φεουδαρχία στο έδαφος στρέφονται τώρα εναντίον της

Aber die Bourgeoisie hat nicht nur die Waffen geschmiedet, die sich selbst den Tod bringen

Αλλά όχι μόνο η αστική τάξη έχει σφυρηλατήσει τα όπλα που φέρνουν το θάνατο στον εαυτό της

Sie hat auch die Männer ins Leben gerufen, die diese Waffen führen sollen

Έχει επίσης δημιουργήσει τους άνδρες που πρόκειται να χειριστούν αυτά τα όπλα

Und diese Männer sind die moderne Arbeiterklasse; Sie sind die Proletarier

Και αυτοί οι άνθρωποι είναι η σύγχρονη εργατική τάξη. Αυτοί είναι οι προλετάριοι

In dem Maße, wie die Bourgeoisie entwickelt ist, entwickelt sich auch das Proletariat

Στην αναλογία που αναπτύσσεται η αστική τάξη, στην ίδια αναλογία αναπτύσσεται και το προλεταριάτο

Die moderne Arbeiterklasse entwickelte eine Klasse von Arbeitern

Η σύγχρονη εργατική τάξη ανέπτυξε μια τάξη εργατών

Diese Klasse von Arbeitern lebt nur so lange, wie sie Arbeit findet

Αυτή η τάξη των εργατών ζει μόνο όσο βρίσκουν δουλειά

Und sie finden nur so lange Arbeit, wie ihre Arbeit das Kapital vermehrt

Και βρίσκουν δουλειά μόνο όσο η εργασία τους αυξάνει το κεφάλαιο

Diese Arbeiter, die sich stückweise verkaufen müssen, sind eine Ware

Αυτοί οι εργάτες, που πρέπει να πουλήσουν τον εαυτό τους με το κομμάτι, είναι εμπόρευμα

Diese Arbeiter sind wie jeder andere Handelsartikel

Αυτοί οι εργάτες είναι σαν κάθε άλλο είδος εμπορίου

und sie sind folglich allen Wechselfällen des Wettbewerbs ausgesetzt

και, κατά συνέπεια, εκτίθενται σε όλες τις αντιξοότητες του ανταγωνισμού

Sie müssen alle Schwankungen des Marktes überstehen

Πρέπει να αντιμετωπίσουν όλες τις διακυμάνσεις της αγοράς

Aufgrund des umfangreichen Maschineneinsatzes und der Arbeitsteilung

Λόγω της εκτεταμένης χρήσης μηχανημάτων και του καταμερισμού της εργασίας

Die Arbeit der Proletarier hat jeden individuellen Charakter verloren

Η δουλειά των προλετάριων έχει χάσει κάθε ατομικό χαρακτήρα

Und folglich hat die Arbeit der Proletarier für den Arbeiter jeden Reiz verloren

Και κατά συνέπεια, η δουλειά των προλετάριων έχει χάσει κάθε γοητεία για τον εργάτη

Er wird zu einem Anhängsel der Maschine und nicht mehr zu dem Mann, der er einmal war

Γίνεται ένα εξάρτημα της μηχανής, παρά ο άνθρωπος που ήταν κάποτε

Nur das einfachste, eintönigste und am leichtesten zu erwerbende Geschick wird von ihm verlangt

Μόνο η πιο απλή, μονότονη και πιο εύκολα αποκτηθείσα ικανότητα απαιτείται από αυτόν

Daher sind die Produktionskosten eines Arbeiters begrenzt

Ως εκ τούτου, το κόστος παραγωγής ενός εργάτη είναι περιορισμένο

sie beschränkt sich fast ausschließlich auf die Mittel zur Bestreitung des Lebensunterhalts, die er zu seinem Unterhalt benötigt

περιορίζεται σχεδόν εξ ολοκλήρου στα μέσα διαβίωσης που χρειάζεται για τη συντήρησή του

und sie beschränkt sich auf die Subsistenzmittel, die er zur Fortpflanzung seiner Rasse benötigt

Και περιορίζεται στα μέσα διαβίωσης που χρειάζεται για τη διάδοση της φυλής του

Aber der Preis einer Ware, also auch der Arbeit, ist gleich ihren Produktionskosten

Αλλά η τιμή ενός εμπορεύματος, και επομένως και της εργασίας, είναι ίση με τα έξοδα παραγωγής του

In dem Maße also, wie die Widerwärtigkeit der Arbeit zunimmt, sinkt der Lohn

Αναλογικά, λοιπόν, όσο αυξάνεται η αποκρουστικότητα της εργασίας, μειώνεται και ο μισθός

Ja, die Widerwärtigkeit seiner Arbeit nimmt sogar noch mehr zu

Όχι, η αποκρουστικότητα της δουλειάς του αυξάνεται με ακόμη μεγαλύτερο ρυθμό

In dem Maße, wie der Einsatz von Maschinen und die Arbeitsteilung zunehmen, steigt auch die Last der Arbeit

Καθώς αυξάνεται η χρήση μηχανημάτων και ο καταμερισμός της εργασίας, αυξάνεται και το βάρος του μόχθου

Die Arbeitsbelastung wird durch die Verlängerung der Arbeitszeit erhöht

Το βάρος του μόχθου αυξάνεται με την επιμήκυνση του ωραρίου εργασίας

Dem Arbeiter wird in der gleichen Zeit mehr zugemutet als zuvor

Περισσότερα αναμένονται από τον εργάτη στον ίδιο χρόνο όπως και πριν

Und natürlich wird die Last der Arbeit durch die Geschwindigkeit der Maschinerie erhöht

Και φυσικά το βάρος του μόχθου αυξάνεται από την ταχύτητα των μηχανημάτων

Die moderne Industrie hat die kleine Werkstatt des patriarchalischen Meisters in die große Fabrik des industriellen Kapitalisten verwandelt

Η σύγχρονη βιομηχανία έχει μετατρέψει το μικρό εργαστήριο του πατριαρχικού αφέντη στο μεγάλο εργοστάσιο του βιομηχανικού καπιταλιστή

Massen von Arbeitern, die in die Fabrik gedrängt sind, sind wie Soldaten organisiert

Μάζες εργατών, συνωστισμένες στο εργοστάσιο, οργανώνονται σαν στρατιώτες

Als Gefreite der Industriearmee stehen sie unter dem Kommando einer vollkommenen Hierarchie von Offizieren und Unteroffizieren

Ως ιδιώτες του βιομηχανικού στρατού τίθενται υπό τη διοίκηση μιας τέλειας ιεραρχίας αξιωματικών και λοχιών

sie sind nicht nur die Sklaven der Bourgeoisie und des Staates

Δεν είναι μόνο σκλάβοι της αστικής τάξης και του κράτους

Aber sie werden auch täglich und stündlich von der Maschine versklavt

Αλλά είναι επίσης καθημερινά και ωριαία σκλαβωμένα από τη μηχανή

sie sind Sklaven des Aufsehers und vor allem des einzelnen Bourgeoisie Fabrikanten selbst

Είναι υποδουλωμένοι από τον παραβλέποντα και, πάνω απ' όλα, από τον ίδιο τον μεμονωμένο κατασκευαστή της αστικής τάξης

Je offener dieser Despotismus den Gewinn als seinen Zweck und sein Ziel proklamiert, desto kleinlicher, verhaßter und verbitterender ist er

Όσο πιο ανοιχτά αυτός ο δεσποτισμός διακηρύσσει ότι το κέρδος είναι ο σκοπός και ο στόχος του, τόσο πιο μικροπρεπής, τόσο πιο μισητός και τόσο πιο πικραμένος είναι

Je mehr sich die moderne Industrie entwickelt, desto geringer sind die Unterschiede zwischen den Geschlechtern

Όσο πιο σύγχρονη βιομηχανία αναπτύσσεται, τόσο μικρότερες είναι οι διαφορές μεταξύ των φύλων

Je geringer die Geschicklichkeit und Kraftanstrengung der Handarbeit ist, desto mehr wird die Arbeit der Männer von der der Frauen verdrängt

Όσο λιγότερη είναι η ικανότητα και η άσκηση δύναμης που συνεπάγεται η χειρωνακτική εργασία, τόσο περισσότερο η εργασία των ανδρών αντικαθίσταται από εκείνη των γυναικών

Alters- und Geschlechtsunterschiede haben für die Arbeiterklasse keine besondere gesellschaftliche Gültigkeit mehr

Οι διαφορές ηλικίας και φύλου δεν έχουν πλέον καμία διακριτή κοινωνική εγκυρότητα για την εργατική τάξη

Alle sind Arbeitsinstrumente, die je nach Alter und Geschlecht mehr oder weniger teuer zu gebrauchen sind

Όλα είναι εργαλεία εργασίας, περισσότερο ή λιγότερο ακριβά στη χρήση, ανάλογα με την ηλικία και το φύλο τους

sobald der Arbeiter seinen Lohn in bar erhält, wird er von den übrigen Teilen der Bourgeoisie angegriffen

μόλις ο εργάτης πάρει το μισθό του σε μετρητά, από ό, τι καθορίζεται από τα άλλα τμήματα της αστικής τάξης

der Vermieter, der Ladenbesitzer, der Pfandleiher usw

ο ιδιοκτήτης, ο καταστηματάρχης, ο ενεχυροδανειστής κ.λπ

Die unteren Schichten der Mittelschicht; die kleinen Handwerker und Ladenbesitzer

Τα κατώτερα στρώματα της μεσαίας τάξης. Οι μικροί έμποροι και οι καταστηματάρχες

die pensionierten Gewerbetreibenden überhaupt, die Handwerker und Bauern

Οι συνταξιούχοι έμποροι γενικά, οι χειροτέχνες και οι αγρότες

all dies sinkt allmählich in das Proletariat ein

Όλα αυτά βυθίζονται βαθμιαία στο προλεταριάτο

theils deshalb, weil ihr winziges Kapital nicht ausreicht für den Maßstab, in dem die moderne Industrie betrieben wird

εν μέρει επειδή το μικρό τους κεφάλαιο δεν επαρκεί για την κλίμακα στην οποία διεξάγεται η σύγχρονη βιομηχανία

und weil sie in der Konkurrenz mit den Großkapitalisten überschwemmt wird

Και επειδή κατακλύζεται από τον ανταγωνισμό με τους μεγάλους καπιταλιστές

zum Teil deshalb, weil ihr spezialisiertes Können durch die neuen Produktionsmethoden wertlos wird

Εν μέρει επειδή η εξειδικευμένη δεξιότητά τους καθίσταται άχρηστη από τις νέες μεθόδους παραγωγής

So rekrutiert sich das Proletariat aus allen Klassen der Bevölkerung

Έτσι το προλεταριάτο στρατολογείται από όλες τις τάξεις του πληθυσμού

Das Proletariat durchläuft verschiedene Entwicklungsstufen

Το προλεταριάτο περνάει από διάφορα στάδια ανάπτυξης

Mit ihrer Geburt beginnt der Kampf mit der Bourgeoisie

Με τη γέννησή της αρχίζει ο αγώνας της με την αστική τάξη

Zuerst wird der Kampf von einzelnen Arbeitern geführt

Στην αρχή ο αγώνας διεξάγεται από μεμονωμένους εργάτες

Dann wird der Kampf von den Arbeitern einer Fabrik ausgetragen

Στη συνέχεια, ο διαγωνισμός διεξάγεται από τους εργάτες ενός εργοστασίου

Dann wird der Kampf von den Arbeitern eines Gewerbes an einem Ort ausgetragen

Στη συνέχεια, ο διαγωνισμός διεξάγεται από τους πράκτορες ενός επαγγέλματος, σε μια τοποθεσία

und der Kampf richtet sich dann gegen die einzelne Bourgeoisie, die sie direkt ausbeutet

Και ο ανταγωνισμός είναι τότε ενάντια στην ατομική αστική τάξη που την εκμεταλλεύεται άμεσα

Sie richten ihre Angriffe nicht gegen die Bourgeoisie Produktionsbedingungen

Κατευθύνουν τις επιθέσεις τους όχι ενάντια στις αστικές συνθήκες παραγωγής

aber sie richten ihren Angriff gegen die Produktionsmittel selbst

Αλλά κατευθύνουν την επίθεσή τους ενάντια στα ίδια τα μέσα παραγωγής

Sie vernichten importierte Waren, die mit ihrer Arbeitskraft konkurrieren

Καταστρέφουν εισαγόμενα προϊόντα που ανταγωνίζονται την εργασία τους

Sie zertrümmern Maschinen und setzen Fabriken in Brand

Θρυμματίζουν μηχανήματα και πυρπολούν εργοστάσια

sie versuchen, den verschwundenen Status des Arbeiters des Mittelalters mit Gewalt wiederherzustellen

Επιδιώκουν να αποκαταστήσουν με τη βία την εξαφανισμένη κατάσταση του εργάτη του Μεσαίωνα

In diesem Stadium bilden die Arbeiter noch eine unzusammenhängende Masse, die über das ganze Land verstreut ist

Σε αυτό το στάδιο οι εργάτες εξακολουθούν να αποτελούν μια ασυνάρτητη μάζα διασκορπισμένη σε ολόκληρη τη χώρα

und sie werden durch ihre gegenseitige Konkurrenz zerrissen

και διαλύονται από τον αμοιβαίο ανταγωνισμό τους

Wenn sie sich irgendwo zu kompakteren Körpern vereinigen, so ist dies noch nicht die Folge ihrer eigenen aktiven Vereinigung

Αν οπουδήποτε ενωθούν για να σχηματίσουν πιο συμπαγή σώματα, αυτό δεν είναι ακόμα η συνέπεια της δικής τους ενεργού ένωσης

aber es ist eine Folge der Vereinigung der Bourgeoisie, ihre eigenen politischen Ziele zu erreichen

αλλά είναι συνέπεια της ένωσης της αστικής τάξης, για την επίτευξη των δικών της πολιτικών σκοπών

die Bourgeoisie ist gezwungen, das ganze Proletariat in Bewegung zu setzen

Η αστική τάξη είναι υποχρεωμένη να θέσει σε κίνηση ολόκληρο το προλεταριάτο

und überdies ist die Bourgeoisie eine Zeitlang dazu in der Lage

Και επιπλέον, για μια στιγμή, η αστική τάξη είναι σε θέση να το κάνει

In diesem Stadium kämpfen die Proletarier also nicht gegen ihre Feinde

Σε αυτό το στάδιο, επομένως, οι προλετάριοι δεν πολεμούν τους εχθρούς τους

Stattdessen kämpfen sie gegen die Feinde ihrer Feinde

Αλλά αντ' αυτού πολεμούν τους εχθρούς των εχθρών τους

Der Kampf gegen die Überreste der absoluten Monarchie und die Großgrundbesitzer

Ο αγώνας: τα απομεινάρια της απόλυτης μοναρχίας και οι γαιοκτήμονες

sie bekämpfen die nicht-industrielle Bourgeoisie; das Kleiliche Bourgeoisie

πολεμούν τη μη βιομηχανική αστική τάξη· η μικροαστική τάξη

So ist die ganze historische Bewegung in den Händen der Bourgeoisie konzentriert

Έτσι, ολόκληρο το ιστορικό κίνημα συγκεντρώνεται στα χέρια της αστικής τάξης

jeder so errungene Sieg ist ein Sieg der Bourgeoisie

Κάθε νίκη που επιτυγχάνεται με αυτόν τον τρόπο είναι μια νίκη για την αστική τάξη

Aber mit der Entwicklung der Industrie wächst nicht nur die Zahl des Proletariats

Αλλά με την ανάπτυξη της βιομηχανίας το προλεταριάτο όχι μόνο αυξάνεται σε αριθμό

das Proletariat konzentriert sich in größeren Massen und seine Kraft wächst

το προλεταριάτο συγκεντρώνεται σε μεγαλύτερες μάζες και η δύναμή του μεγαλώνει

und das Proletariat spürt diese Kraft mehr und mehr

Και το προλεταριάτο νιώθει αυτή τη δύναμη όλο και περισσότερο

Die verschiedenen Interessen und Lebensbedingungen in den Reihen des Proletariats gleichen sich mehr und mehr an

Τα διάφορα συμφέροντα και οι συνθήκες ζωής μέσα στις γραμμές του προλεταριάτου εξισώνονται όλο και περισσότερο

sie werden in dem Maße größer, wie die Maschinerie alle Unterschiede der Arbeit verwischt

Γίνονται όλο και περισσότερο αναλογικές, καθώς οι μηχανές εξαλείφουν όλες τις διακρίσεις της εργασίας

Und die Maschinen senken fast überall die Löhne auf das gleiche niedrige Niveau

Και τα μηχανήματα σχεδόν παντού μειώνουν τους μισθούς στο ίδιο χαμηλό επίπεδο

Die wachsende Konkurrenz der Bourgeoisie und die daraus resultierenden Handelskrisen lassen die Löhne der Arbeiter immer schwankender

Ο αυξανόμενος ανταγωνισμός ανάμεσα στην αστική τάξη, και οι επακόλουθες εμπορικές κρίσεις, κάνουν τους μισθούς των εργατών όλο και πιο κυμαινόμενους

Die unaufhörliche Verbesserung der sich immer schneller entwickelnden Maschinen macht ihren Lebensunterhalt immer prekärer

Η αδιάκοπη βελτίωση των μηχανών, που αναπτύσσεται όλο και πιο γρήγορα, καθιστά τα μέσα διαβίωσής τους όλο και πιο επισφαλή

die Kollisionen zwischen einzelnen Arbeitern und einzelnen Bourgeoisien nehmen immer mehr den Charakter von Zusammenstößen zwischen zwei Klassen an

Οι συγκρούσεις ανάμεσα σε μεμονωμένους εργάτες και μεμονωμένους αστούς παίρνουν όλο και περισσότερο το χαρακτήρα συγκρούσεων ανάμεσα σε δύο τάξεις

Darauf beginnen die Arbeiter, sich gegen die Bourgeoisie zu verbünden (Gewerkschaften)

Τότε οι εργάτες αρχίζουν να σχηματίζουν συνδυασμούς (συνδικάτα) ενάντια στην αστική τάξη

Sie schließen sich zusammen, um die Löhne hoch zu halten

Συνασπίζονται για να διατηρήσουν το ποσοστό των μισθών

sie gründeten ständige Vereinigungen, um für diese gelegentlichen Revolten im voraus Vorsorge zu treffen

Βρήκαν μόνιμες ενώσεις για να προνοήσουν εκ των προτέρων για αυτές τις περιστασιακές εξεγέρσεις

Hier und da bricht der Wettkampf in Ausschreitungen aus

Εδώ κι εκεί ο διαγωνισμός ξεσπά σε ταραχές

Hin und wieder siegen die Arbeiter, aber nur für eine gewisse Zeit

Μια στο τόσο οι εργάτες νικούν, αλλά μόνο για ένα διάστημα

Die wirkliche Frucht ihrer Kämpfe liegt nicht in den unmittelbaren Ergebnissen, sondern in der immer größer werdenden Vereinigung der Arbeiter

Ο πραγματικός καρπός των αγώνων τους βρίσκεται, όχι στο άμεσο αποτέλεσμα, αλλά στη συνεχώς διευρυνόμενη ένωση των εργατών

Diese Vereinigung wird durch die verbesserten Kommunikationsmittel unterstützt, die von der modernen Industrie geschaffen werden

Αυτή η ένωση βοηθείται από τα βελτιωμένα μέσα επικοινωνίας που δημιουργούνται από τη σύγχρονη βιομηχανία

Die moderne Kommunikation bringt die Arbeiter verschiedener Orte miteinander in Kontakt

Η σύγχρονη επικοινωνία φέρνει τους εργαζόμενους διαφορετικών τοποθεσιών σε επαφή μεταξύ τους

Es war gerade dieser Kontakt, der nötig war, um die zahlreichen lokalen Kämpfe zu einem nationalen Kampf zwischen den Klassen zu zentralisieren

Ήταν ακριβώς αυτή η επαφή που χρειαζόταν για να
συγκεντρωθούν οι πολυάριθμοι τοπικοί αγώνες σε μια
εθνική πάλη μεταξύ των τάξεων
Alle diese Kämpfe haben den gleichen Charakter, und jeder
Klassenkampf ist ein politischer Kampf
Όλοι αυτοί οι αγώνες έχουν τον ίδιο χαρακτήρα και κάθε
ταξική πάλη είναι πολιτική πάλη
die Bürger des Mittelalters mit ihren elenden Landstraßen
brauchten Jahrhunderte, um ihre Vereinigungen zu bilden
Οι αστοί του Μεσαίωνα, με τις άθλιες λεωφόρους τους,
χρειάστηκαν αιώνες για να σχηματίσουν τις ενώσεις τους
Die modernen Proletarier erreichen dank der Eisenbahn ihre
Gewerkschaften innerhalb weniger Jahre
Οι σύγχρονοι προλετάριοι, χάρη στους σιδηροδρόμους,
αποκτούν τα συνδικάτα τους μέσα σε λίγα χρόνια
Diese Organisation der Proletarier zu einer Klasse formte sie
folglich zu einer politischen Partei
Αυτή η οργάνωση των προλετάριων σε τάξη τους
διαμόρφωσε κατά συνέπεια σε πολιτικό κόμμα
Die politische Klasse wird immer wieder durch die
Konkurrenz zwischen den Arbeitern selbst verärgert
Η πολιτική τάξη συνεχώς αναστατώνεται από τον
ανταγωνισμό μεταξύ των ίδιων των εργατών
Aber die politische Klasse erhebt sich weiter, stärker, fester,
mächtiger
Αλλά η πολιτική τάξη συνεχίζει να ξεσηκώνεται ξανά,
ισχυρότερη, σταθερότερη, ισχυρότερη
Er zwingt zur gesetzgeberischen Anerkennung der
besonderen Interessen der Arbeitnehmer
Επιβάλλει τη νομοθετική αναγνώριση ιδιαίτερων
συμφερόντων των εργαζομένων
sie tut dies, indem sie sich die Spaltungen innerhalb der
Bourgeoisie selbst zunutze macht
Το κάνει αυτό εκμεταλλευόμενη τις διαιρέσεις μέσα στην
ίδια την αστική τάξη

Damit wurde das Zehnstundengesetz in England in Kraft gesetzt

Έτσι, το νομοσχέδιο για το δεκάωρο στην Αγγλία τέθηκε σε νόμο

in vielerlei Hinsicht ist der Zusammenstoß zwischen den Klassen der alten Gesellschaft ferner der Entwicklungsgang des Proletariats

Από πολλές απόψεις, οι συγκρούσεις μεταξύ των τάξεων της παλιάς κοινωνίας είναι η πορεία ανάπτυξης του προλεταριάτου

Die Bourgeoisie befindet sich in einem ständigen Kampf

Η αστική τάξη βρίσκεται μπλεγμένη σε μια συνεχή μάχη

Zuerst wird sie sich in einem ständigen Kampf mit der Aristokratie wiederfinden

Στην αρχή θα βρεθεί μπλεγμένη σε μια συνεχή μάχη με την αριστοκρατία

später wird sie sich in einem ständigen Kampf mit diesen Teilen der Bourgeoisie selbst wiederfinden

Αργότερα θα βρεθεί μπλεγμένη σε μια συνεχή μάχη με εκείνα τα τμήματα της ίδιας της αστικής τάξης

und ihre Interessen werden dem Fortschritt der Industrie entgegengesetzt sein

Και τα συμφέροντά τους θα έχουν γίνει ανταγωνιστικά προς την πρόοδο της βιομηχανίας

zu allen Zeiten werden ihre Interessen mit der Bourgeoisie fremder Länder in Konflikt geraten sein

Ανά πάσα στιγμή, τα συμφέροντά τους θα έχουν γίνει ανταγωνιστικά με την αστική τάξη των ξένων χωρών

In allen diesen Kämpfen sieht sie sich genötigt, an das Proletariat zu appellieren, und bittet es um Hilfe

Σε όλες αυτές τις μάχες βλέπει τον εαυτό του υποχρεωμένο να απευθυνθεί στο προλεταριάτο και ζητά τη βοήθειά του

Und so wird sie sich gezwungen sehen, sie in die politische Arena zu zerren

Και έτσι, θα αισθανθεί υποχρεωμένο να το σύρει στην πολιτική αρένα

Die Bourgeoisie selbst versorgt also das Proletariat mit ihren eigenen Instrumenten der politischen und allgemeinen Erziehung

Η ίδια η αστική τάξη, επομένως, προμηθεύει το προλεταριάτο με τα δικά της όργανα πολιτικής και γενικής διαπαιδαγώγησης

mit anderen Worten, sie liefert dem Proletariat Waffen für den Kampf gegen die Bourgeoisie

με άλλα λόγια, εφοδιάζει το προλεταριάτο με όπλα για την καταπολέμηση της αστικής τάξης

Ferner werden, wie wir schon gesehen haben, ganze Schichten der herrschenden Klassen in das Proletariat hineingestürzt

Επιπλέον, όπως έχουμε ήδη δει, ολόκληρα τμήματα των κυρίαρχων τάξεων κατακρημνίζονται στο προλεταριάτο

der Fortschritt der Industrie saugt sie in das Proletariat hinein

Η πρόοδος της βιομηχανίας τους ρουφάει στο προλεταριάτο

oder zumindest sind sie in ihren Existenzbedingungen bedroht

ή, τουλάχιστον, απειλούνται στις συνθήκες ύπαρξής τους

Diese versorgen auch das Proletariat mit frischen Elementen der Aufklärung und des Fortschritts

Αυτά παρέχουν επίσης στο προλεταριάτο νέα στοιχεία διαφώτισης και προόδου

Endlich, in Zeiten, in denen sich der Klassenkampf der entscheidenden Stunde nähert

Τέλος, σε καιρούς που η ταξική πάλη πλησιάζει την αποφασιστική ώρα

Der Auflösungsprozess innerhalb der herrschenden Klasse

Η διαδικασία διάλυσης που βρίσκεται σε εξέλιξη μέσα στην άρχουσα τάξη

In der Tat wird die Auflösung, die sich innerhalb der herrschenden Klasse vollzieht, in der gesamten Bandbreite der Gesellschaft zu spüren sein

Στην πραγματικότητα, η διάλυση που συμβαίνει μέσα στην άρχουσα τάξη θα γίνει αισθητή σε όλο το φάσμα της κοινωνίας

Sie wird einen so gewalttätigen, krassen Charakter annehmen, dass ein kleiner Teil der herrschenden Klasse sich selbst abtreibt

Θα πάρει έναν τόσο βίαιο, κραυγαλέο χαρακτήρα, που ένα μικρό τμήμα της άρχουσας τάξης αποκόπτεται

Und diese herrschende Klasse wird sich der revolutionären Klasse anschließen

Και αυτή η άρχουσα τάξη θα ενταχθεί στην επαναστατική τάξη

Die revolutionäre Klasse ist die Klasse, die die Zukunft in ihren Händen hält

Η επαναστατική τάξη είναι η τάξη που κρατά το μέλλον στα χέρια της

Wie in früheren Zeiten ging ein Teil des Adels zur Bourgeoisie über

Όπως και σε μια προηγούμενη περίοδο, ένα τμήμα της αριστοκρατίας πέρασε στην αστική τάξη

ebenso wird ein Teil der Bourgeoisie zum Proletariat übergehen

με τον ίδιο τρόπο ένα μέρος της αστικής τάξης θα περάσει στο προλεταριάτο

insbesondere wird ein Teil der Bourgeoisie zu einem Teil der Bourgeoisie Ideologen übergehen

Συγκεκριμένα, ένα μέρος της αστικής τάξης θα περάσει σε ένα τμήμα των ιδεολόγων της αστικής τάξης

Bourgeoisie Ideologen, die sich auf die Ebene erhoben haben, die historische Bewegung als Ganzes theoretisch zu begreifen

Αστοί ιδεολόγοι που έχουν ανυψωθεί στο επίπεδο της θεωρητικής κατανόησης του ιστορικού κινήματος στο σύνολό του

Von allen Klassen, die heute der Bourgeoisie gegenüberstehen, ist das Proletariat allein eine wirklich revolutionäre Klasse

Από όλες τις τάξεις που στέκονται πρόσωπο με πρόσωπο με την αστική τάξη σήμερα, μόνο το προλεταριάτο είναι μια πραγματικά επαναστατική τάξη

Die anderen Klassen zerfallen und verschwinden schließlich im Angesicht der modernen Industrie

Οι άλλες τάξεις παρακμάζουν και τελικά εξαφανίζονται μπροστά στη σύγχρονη βιομηχανία

das Proletariat ist ihr besonderes und wesentliches Produkt

Το προλεταριάτο είναι το ιδιαίτερο και ουσιαστικό προϊόν του

Die untere Mittelschicht, der kleine Fabrikant, der Ladenbesitzer, der Handwerker, der Bauer

Η κατώτερη μεσαία τάξη, ο μικροβιομήχανος, ο καταστηματάρχης, ο τεχνίτης, ο αγρότης

all diese Kämpfe gegen die Bourgeoisie

Όλοι αυτοί παλεύουν ενάντια στην αστική τάξη

Sie kämpfen als Fraktionen der Mittelschicht, um sich vor dem Aussterben zu retten

Πολεμούν ως φράξια της μεσαίας τάξης για να σωθούν από την εξαφάνιση

Sie sind also nicht revolutionär, sondern konservativ

Επομένως, δεν είναι επαναστάτες, αλλά συντηρητικοί

Ja, mehr noch, sie sind reaktionär, denn sie versuchen, das Rad der Geschichte zurückzudrehen

Επιπλέον, είναι αντιδραστικοί, γιατί προσπαθούν να γυρίσουν πίσω τον τροχό της ιστορίας

Wenn sie zufällig revolutionär sind, so sind sie es nur im Hinblick auf ihre bevorstehende Überführung in das Proletariat

Αν κατά τύχη είναι επαναστάτες, είναι επαναστάτες μόνο ενόψει της επικείμενης μεταφοράς τους στο προλεταριάτο

Sie verteidigen also nicht ihre gegenwärtigen, sondern ihre zukünftigen Interessen

Υπερασπίζονται έτσι όχι το παρόν τους, αλλά τα μελλοντικά τους συμφέροντα

sie verlassen ihren eigenen Standpunkt, um sich auf den des Proletariats zu stellen

εγκαταλείπουν τη δική τους άποψη για να τοποθετηθούν σε εκείνη του προλεταριάτου

Die »gefährliche Klasse«, der soziale Abschaum, diese passiv verrottende Masse, die von den untersten Schichten der alten Gesellschaft abgeworfen wird

Η «επικίνδυνη τάξη», τα κοινωνικά αποβράσματα, αυτή η παθητικά σάπια μάζα που εκτοξεύεται από τα χαμηλότερα στρώματα της παλιάς κοινωνίας

sie können hier und da von einer proletarischen Revolution in die Bewegung hineingerissen werden

Μπορεί, εδώ κι εκεί, να παρασυρθούν στο κίνημα από μια προλεταριακή επανάσταση

Seine Lebensbedingungen bereiten ihn jedoch viel mehr auf die Rolle eines bestochenen Werkzeugs reaktionärer Intrigen vor

Οι συνθήκες ζωής του, ωστόσο, το προετοιμάζουν πολύ περισσότερο για το ρόλο ενός δωροδοκούμενου εργαλείου αντιδραστικής ίντριγκας

In den Verhältnissen des Proletariats sind die Verhältnisse der alten Gesellschaft im Allgemeinen bereits praktisch überschwemmt

Στις συνθήκες του προλεταριάτου, οι συνθήκες της παλιάς κοινωνίας γενικά είναι ήδη ουσιαστικά κατακλυσμένες

Der Proletarier ist ohne Eigentum

Ο προλετάριος είναι χωρίς ιδιοκτησία

sein Verhältnis zu Frau und Kindern hat mit den Familienverhältnissen der Bourgeoisie nichts mehr gemein

Η σχέση του με τη γυναίκα και τα παιδιά του δεν έχει πια τίποτα κοινό με τις οικογενειακές σχέσεις της αστικής τάξης

moderne industrielle Arbeit, moderne Unterwerfung unter das Kapital, dasselbe in England wie in Frankreich, in Amerika wie in Deutschland

Σύγχρονη βιομηχανική εργασία, σύγχρονη υποταγή στο κεφάλαιο, το ίδιο στην Αγγλία όπως και στη Γαλλία, στην Αμερική όπως και στη Γερμανία

Seine Stellung in der Gesellschaft hat ihm jede Spur von nationalem Charakter genommen

Η κατάστασή του στην κοινωνία τον έχει απογυμνώσει από κάθε ίχνος εθνικού χαρακτήρα

Gesetz, Moral, Religion sind für ihn so viele Bourgeoisie Vorurteile

Ο νόμος, η ηθική, η θρησκεία, είναι γι' αυτόν τόσες πολλές προκαταλήψεις της αστικής τάξης

und hinter diesen Vorurteilen lauern ebenso viele Bourgeoisie Interessen

Και πίσω από αυτές τις προκαταλήψεις κρύβονται σε ενέδρα ακριβώς όπως πολλά συμφέροντα της αστικής τάξης

Alle vorhergehenden Klassen, die die Oberhand gewannen, versuchten, ihren bereits erworbenen Status zu festigen

Όλες οι προηγούμενες τάξεις που πήραν το πάνω χέρι, προσπάθησαν να ενισχύσουν την ήδη αποκτηθείσα θέση τους

Sie taten dies, indem sie die Gesellschaft als Ganzes ihren Aneignungsbedingungen unterwarfen

Το έκαναν αυτό υποβάλλοντας την κοινωνία στο σύνολό της στις συνθήκες ιδιοποίησής τους

Die Proletarier können nicht Herren der Produktivkräfte der Gesellschaft werden

Οι προλετάριοι δεν μπορούν να γίνουν κύριοι των παραγωγικών δυνάμεων της κοινωνίας

Sie kann dies nur tun, indem sie ihre eigene bisherige Aneignungsweise abschafft

Αυτό μπορεί να γίνει μόνο με την κατάργηση του δικού τους προηγούμενου τρόπου ιδιοποίησης

Und damit hebt sie auch jede andere bisherige Aneignungsweise auf

και έτσι καταργεί επίσης κάθε άλλο προηγούμενο τρόπο ιδιοποίησης

Sie haben nichts Eigenes zu sichern und zu festigen

Δεν έχουν τίποτα δικό τους να εξασφαλίσουν και να οχυρώσουν

Ihre Aufgabe ist es, alle bisherigen Sicherheiten und Versicherungen für individuelles Eigentum zu vernichten

Η αποστολή τους είναι να καταστρέψουν όλες τις προηγούμενες ασφάλειες και ασφάλειες ατομικής περιουσίας

Alle bisherigen historischen Bewegungen waren Bewegungen von Minderheiten

Όλα τα προηγούμενα ιστορικά κινήματα ήταν κινήματα μειονοτήτων

oder es handelte sich um Bewegungen im Interesse von Minderheiten

ή ήταν κινήματα προς το συμφέρον των μειονοτήτων

Die proletarische Bewegung ist die selbstbewusste, selbständige Bewegung der ungeheuren Mehrheit

Το προλεταριακό κίνημα είναι το αυτοσυνείδητο, ανεξάρτητο κίνημα της τεράστιας πλειοψηφίας

Und es ist eine Bewegung im Interesse der großen Mehrheit

Και είναι ένα κίνημα προς το συμφέρον της τεράστιας πλειοψηφίας

Das Proletariat, die unterste Schicht unserer heutigen Gesellschaft

Το προλεταριάτο, το κατώτερο στρώμα της σημερινής κοινωνίας μας

Sie kann sich nicht regen oder erheben, ohne daß die ganze übergeordnete Schicht der offiziellen Gesellschaft in die Luft geschleudert wird

Δεν μπορεί να ξεσηκωθεί ή να ξεσηκωθεί χωρίς να ξεπηδήσουν στον αέρα όλα τα κατεστημένα στρώματα της επίσημης κοινωνίας

Der Kampf des Proletariats mit der Bourgeoisie ist, wenn auch nicht der Substanz nach, doch zunächst ein nationaler Kampf

Αν και όχι στην ουσία, αλλά στη μορφή, ο αγώνας του προλεταριάτου με την αστική τάξη είναι αρχικά εθνικός αγώνας

Das Proletariat eines jeden Landes muss natürlich vor allem mit seiner eigenen Bourgeoisie abrechnen

Το προλεταριάτο κάθε χώρας πρέπει, φυσικά, πρώτα απ' όλα να τακτοποιήσει τα ζητήματα με τη δική του αστική τάξη

Indem wir die allgemeinsten Phasen der Entwicklung des Proletariats schilderten, verfolgten wir den mehr oder weniger verhüllten Bürgerkrieg

Απεικονίζοντας τις πιο γενικές φάσεις της ανάπτυξης του προλεταριάτου, ανιχνεύσαμε τον περισσότερο ή λιγότερο συγκαλυμμένο εμφύλιο πόλεμο

Diese Zivilgesellschaft wütet in der bestehenden Gesellschaft

Αυτός ο πολίτης μαίνεται μέσα στην υπάρχουσα κοινωνία

Er wird bis zu dem Punkt wüten, an dem dieser Krieg in eine offene Revolution ausbricht

Θα μαίνεται μέχρι το σημείο όπου αυτός ο πόλεμος θα ξεσπάσει σε ανοιχτή επανάσταση

und dann legt der gewaltsame Sturz der Bourgeoisie die Grundlage für die Herrschaft des Proletariats

Και τότε η βίαιη ανατροπή της αστικής τάξης θέτει τα θεμέλια για την κυριαρχία του προλεταριάτου

Bisher beruhte jede Gesellschaftsform, wie wir bereits gesehen haben, auf dem Antagonismus unterdrückender und unterdrückter Klassen

Μέχρι τώρα, κάθε μορφή κοινωνίας βασιζόταν, όπως έχουμε ήδη δει, στον ανταγωνισμό των καταπιεζόμενων και καταπιεζόμενων τάξεων

Um aber eine Klasse zu unterdrücken, müssen ihr gewisse Bedingungen zugesichert werden

Αλλά για να καταπιέσει μια τάξη, πρέπει να της εξασφαλιστούν ορισμένες προϋποθέσεις

Die Klasse muss unter Bedingungen gehalten werden, unter denen sie wenigstens ihre sklavische Existenz fortsetzen kann

Η τάξη πρέπει να διατηρηθεί κάτω από συνθήκες στις οποίες μπορεί, τουλάχιστον, να συνεχίσει τη δουλική της ύπαρξη

Der Leibeigene erhob sich in der Zeit der Leibeigenschaft zum Mitglied der Kommune

Ο δουλοπάροικος, κατά την περίοδο της δουλοπαροικίας, έγινε μέλος της κομμούνας

so wie es dem Kleinbourgeoisie unter dem Joch des feudalen Absolutismus gelang, sich zur Bourgeoisie zu entwickeln

ακριβώς όπως η μικροαστική τάξη, κάτω από το ζυγό της φεουδαρχικής απολυταρχίας, κατάφερε να εξελιχθεί σε αστική τάξη

Der moderne Arbeiter dagegen sinkt, anstatt sich mit dem Fortschritt der Industrie zu erheben, immer tiefer

Ο σύγχρονος εργάτης, αντίθετα, αντί να ανεβαίνει με την πρόοδο της βιομηχανίας, βυθίζεται όλο και πιο βαθιά

Er sinkt unter die Existenzbedingungen seiner eigenen Klasse

Βυθίζεται κάτω από τις συνθήκες ύπαρξης της δικής του τάξης

Er wird ein Bettler, und der Pauperismus entwickelt sich schneller als Bevölkerung und Reichtum

Γίνεται άπορος και η εξαθλίωση αναπτύσσεται πιο γρήγορα από τον πληθυσμό και τον πλούτο

Und hier zeigt sich, dass die Bourgeoisie nicht mehr geeignet ist, die herrschende Klasse in der Gesellschaft zu sein

Και εδώ γίνεται φανερό ότι η αστική τάξη είναι πλέον ακατάλληλη να είναι η άρχουσα τάξη στην κοινωνία

und sie ist ungeeignet, der Gesellschaft ihre Existenzbedingungen als übergeordnetes Gesetz aufzuzwingen

Και είναι ακατάλληλο να επιβάλει τους όρους ύπαρξής του στην κοινωνία ως υπέρτατο νόμο

Sie ist unfähig zu herrschen, weil sie unfähig ist, ihrem Sklaven in seiner Sklaverei eine Existenz zu sichern

Είναι ακατάλληλη να κυβερνήσει επειδή είναι ανίκανη να εξασφαλίσει την ύπαρξη στον δούλο της μέσα στη σκλαβιά του

denn sie kann nicht anders, als ihn in einen solchen Zustand sinken zu lassen, daß sie ihn ernähren muss, statt von ihm gefüttert zu werden

Γιατί δεν μπορεί παρά να τον αφήσει να βυθιστεί σε μια τέτοια κατάσταση, που πρέπει να τον θρέψει, αντί να τραφεί από αυτόν

Die Gesellschaft kann nicht länger unter dieser Bourgeoisie leben

Η κοινωνία δεν μπορεί πλέον να ζήσει κάτω από αυτή την αστική τάξη

Mit anderen Worten, ihre Existenz ist nicht mehr mit der Gesellschaft vereinbar

Με άλλα λόγια, η ύπαρξή του δεν είναι πλέον συμβατή με την κοινωνία

Die wesentliche Bedingung für die Existenz und die Herrschaft der Bourgeoisie Klasse ist die Bildung und Vermehrung des Kapitals

Η βασική προϋπόθεση για την ύπαρξη και για την κυριαρχία της αστικής τάξης είναι ο σχηματισμός και η αύξηση του κεφαλαίου

Die Bedingung für das Kapital ist Lohnarbeit

Η προϋπόθεση για το κεφάλαιο είναι η μισθωτή εργασία

Die Lohnarbeit beruht ausschließlich auf der Konkurrenz zwischen den Arbeitern

Η μισθωτή εργασία στηρίζεται αποκλειστικά στον ανταγωνισμό ανάμεσα στους εργάτες

Der Fortschritt der Industrie, deren unfreiwilliger Förderer
die Bourgeoisie ist, tritt an die Stelle der Isolierung der
Arbeiter

Η πρόοδος της βιομηχανίας, της οποίας ακούσιος
υποστηρικτής είναι η αστική τάξη, αντικαθιστά την
απομόνωση των εργατών

durch die Konkurrenz, durch ihre revolutionäre
Kombination, durch die Assoziation

λόγω ανταγωνισμού, λόγω επαναστατικού συνδυασμού
τους, λόγω συσχέτισης

Die Entwicklung der modernen Industrie schneidet ihr die
Grundlage unter den Füßen weg, auf der die Bourgeoisie
Produkte produziert und sich aneignet

Η ανάπτυξη της σύγχρονης βιομηχανίας κόβει κάτω από
τα πόδια της τα ίδια τα θεμέλια πάνω στα οποία η αστική
τάξη παράγει και ιδιοποιείται προϊόντα

Was die Bourgeoisie vor allem produziert, sind ihre eigenen
Totengräber

Αυτό που παράγει η αστική τάξη, πάνω απ' όλα, είναι οι
δικοί της νεκροθάφτες

Der Sturz der Bourgeoisie und der Sieg des Proletariats sind
gleichermaßen unvermeidlich

Η πτώση της αστικής τάξης και η νίκη του προλεταριάτου
είναι εξίσου αναπόφευκτες

Proletarier und Kommunisten
Προλετάριοι και κομμουνιστές

In welchem Verhältnis stehen die Kommunisten zu den Proletariern insgesamt?
Σε ποια σχέση στέκονται οι κομμουνιστές με το σύνολο των προλετάριων;

Die Kommunisten bilden keine eigene Partei, die anderen Arbeiterparteien entgegengesetzt ist
Οι κομμουνιστές δεν σχηματίζουν ξεχωριστό κόμμα σε αντίθεση με άλλα κόμματα της εργατικής τάξης

Sie haben keine Interessen, die von denen des Proletariats als Ganzes getrennt und getrennt sind
Δεν έχουν συμφέροντα ξεχωριστά και ξέχωρα από εκείνα του προλεταριάτου στο σύνολό του

Sie stellen keine eigenen sektiererischen Prinzipien auf, nach denen sie die proletarische Bewegung formen und formen könnten
Δεν θέτουν δικές τους σεχταριστικές αρχές, με τις οποίες να διαμορφώσουν και να διαμορφώσουν το προλεταριακό κίνημα

Die Kommunisten unterscheiden sich von den anderen Arbeiterparteien nur durch zwei Dinge
Οι κομμουνιστές διακρίνονται από τα άλλα κόμματα της εργατικής τάξης μόνο σε δύο πράγματα

Erstens: Sie weisen auf die gemeinsamen Interessen des gesamten Proletariats hin und bringen sie in den Vordergrund, unabhängig von jeder Nationalität
Πρώτον, επισημαίνουν και φέρνουν στο προσκήνιο τα κοινά συμφέροντα ολόκληρου του προλεταριάτου, ανεξάρτητα από κάθε εθνικότητα

Das tun sie in den nationalen Kämpfen der Proletarier der verschiedenen Länder
Αυτό κάνουν στους εθνικούς αγώνες των προλετάριων των διαφόρων χωρών

Zweitens vertreten sie immer und überall die Interessen der gesamten Bewegung

Δεύτερον, πάντα και παντού εκπροσωπούν τα συμφέροντα του κινήματος στο σύνολό του

das tun sie in den verschiedenen Entwicklungsstadien, die der Kampf der Arbeiterklasse gegen die Bourgeoisie zu durchlaufen hat

Αυτό το κάνουν στα διάφορα στάδια ανάπτυξης, από τα οποία πρέπει να περάσει η πάλη της εργατικής τάξης ενάντια στην αστική τάξη

Die Kommunisten sind also auf der einen Seite praktisch der fortschrittlichste und entschiedenste Teil der Arbeiterparteien eines jeden Landes

Οι κομμουνιστές, επομένως, είναι από τη μια μεριά, πρακτικά, το πιο προηγμένο και αποφασιστικό τμήμα των εργατικών κομμάτων κάθε χώρας

Sie sind der Teil der Arbeiterklasse, der alle anderen vorantreibt

Είναι εκείνο το τμήμα της εργατικής τάξης που σπρώχνει προς τα εμπρός όλα τα άλλα

Theoretisch haben sie auch den Vorteil, dass sie die Marschlinie klar verstehen

Θεωρητικά, έχουν επίσης το πλεονέκτημα της σαφούς κατανόησης της γραμμής του Μαρτίου

Das verstehen sie besser im Vergleich zu der großen Masse des Proletariats

Αυτό το καταλαβαίνουν καλύτερα σε σύγκριση με τη μεγάλη μάζα του προλεταριάτου

Sie verstehen die Bedingungen und die letzten allgemeinen Ergebnisse der proletarischen Bewegung

Κατανοούν τις συνθήκες και τα τελικά γενικά αποτελέσματα του προλεταριακού κινήματος

Das unmittelbare Ziel des Kommunisten ist dasselbe wie das aller anderen proletarischen Parteien

Ο άμεσος στόχος του κομμουνιστή είναι ο ίδιος με αυτόν όλων των άλλων προλεταριακών κομμάτων

Ihr Ziel ist die Formierung des Proletariats zu einer Klasse

Στόχος τους είναι η διαμόρφωση του προλεταριάτου σε τάξη

sie zielen darauf ab, die Vorherrschaft der Bourgeoisie zu stürzen

στοχεύουν στην ανατροπή της κυριαρχίας της αστικής τάξης

das Streben nach politischer Machteroberung durch das Proletariat

Ο αγώνας για την κατάκτηση της πολιτικής εξουσίας από το προλεταριάτο

Die theoretischen Schlußfolgerungen der Kommunisten beruhen in keiner Weise auf Ideen oder Prinzipien der Reformer

Τα θεωρητικά συμπεράσματα των κομμουνιστών δεν βασίζονται καθόλου σε ιδέες ή αρχές ρεφορμιστών

es waren keine Möchtegern-Universalreformer, die die theoretischen Schlussfolgerungen der Kommunisten erfunden oder entdeckt haben

Δεν ήταν οι επίδοξοι καθολικοί μεταρρυθμιστές που εφηύραν ή ανακάλυψαν τα θεωρητικά συμπεράσματα των κομμουνιστών.

Sie drücken lediglich in allgemeinen Begriffen tatsächliche Verhältnisse aus, die aus einem bestehenden Klassenkampf hervorgehen

Απλώς εκφράζουν, με γενικούς όρους, πραγματικές σχέσεις που πηγάζουν από μια υπάρχουσα ταξική πάλη

Und sie beschreiben die historische Bewegung, die sich unter unseren Augen abspielt und die diesen Klassenkampf hervorgebracht hat

Και περιγράφουν το ιστορικό κίνημα που συμβαίνει κάτω από τα μάτια μας και δημιούργησαν αυτή την ταξική πάλη

Die Abschaffung bestehender Eigentumsverhältnisse ist keineswegs ein charakteristisches Merkmal des Kommunismus

Η κατάργηση των υπαρχουσών σχέσεων ιδιοκτησίας δεν είναι καθόλου χαρακτηριστικό γνώρισμα του κομμουνισμού

Alle Eigentumsverhältnisse in der Vergangenheit waren einem ständigen historischen Wandel unterworfen

Όλες οι σχέσεις ιδιοκτησίας στο παρελθόν υπόκεινται συνεχώς σε ιστορικές αλλαγές

Und diese Veränderungen waren eine Folge der Veränderung der historischen Bedingungen

Και αυτές οι αλλαγές ήταν συνέπεια της αλλαγής των ιστορικών συνθηκών

Die Französische Revolution zum Beispiel schaffte das Feudaleigentum zugunsten des Bourgeoisie Eigentums ab

Η Γαλλική Επανάσταση, για παράδειγμα, κατάργησε τη φεουδαρχική ιδιοκτησία υπέρ της αστικής ιδιοκτησίας

Das Unterscheidungsmerkmal des Kommunismus ist nicht die Abschaffung des Eigentums im Allgemeinen

Το χαρακτηριστικό γνώρισμα του κομμουνισμού δεν είναι η κατάργηση της ιδιοκτησίας, γενικά

aber das Unterscheidungsmerkmal des Kommunismus ist die Abschaffung des Bourgeoisie Eigentums

Αλλά το χαρακτηριστικό γνώρισμα του κομμουνισμού είναι η κατάργηση της αστικής ιδιοκτησίας

Aber das Privateigentum der modernen Bourgeoisie ist der letzte und vollständigste Ausdruck des Systems der Produktion und Aneignung von Produkten

Αλλά η ατομική ιδιοκτησία της σύγχρονης αστικής τάξης είναι η τελική και πληρέστερη έκφραση του συστήματος παραγωγής και ιδιοποίησης προϊόντων

Es ist der Endzustand eines Systems, das auf Klassengegensätzen beruht, wobei der Klassenantagonismus die Ausbeutung der Vielen durch die Wenigen ist

Είναι η τελική κατάσταση ενός συστήματος που βασίζεται σε ταξικούς ανταγωνισμούς, όπου ο ταξικός ανταγωνισμός είναι η εκμετάλλευση των πολλών από τους λίγους

In diesem Sinne läßt sich die Theorie der Kommunisten in einem einzigen Satz zusammenfassen; die Abschaffung des Privateigentums

Με αυτή την έννοια, η θεωρία των κομμουνιστών μπορεί να συνοψιστεί στη μοναδική πρόταση. την κατάργηση της ατομικής ιδιοκτησίας

Uns Kommunisten hat man vorgeworfen, das Recht auf persönlichen Eigentumserwerb abschaffen zu wollen

Εμείς οι κομμουνιστές κατηγορηθήκαμε για την επιθυμία κατάργησης του δικαιώματος προσωπικής απόκτησης ιδιοκτησίας

Es wird behauptet, dass diese Eigenschaft die Frucht der eigenen Arbeit eines Menschen ist

Υποστηρίζεται ότι αυτή η ιδιότητα είναι ο καρπός της εργασίας ενός ανθρώπου

Und diese Eigenschaft soll die Grundlage aller persönlichen Freiheit, Aktivität und Unabhängigkeit sein.

Και αυτή η ιδιοκτησία φέρεται να είναι το θεμέλιο κάθε προσωπικής ελευθερίας, δραστηριότητας και ανεξαρτησίας.

"Hart erkämpftes, selbst erworbenes, selbst verdientes Eigentum!"

"Σκληρά κερδισμένη, αυτοαποκτηθείσα, αυτοκερδισμένη ιδιοκτησία!"

Meinst du das Eigentum des kleinen Handwerkers und des Kleinbauern?

Εννοείτε την ιδιοκτησία του μικροτεχνίτη και του μικρού αγρότη;

Meinen Sie eine Form des Eigentums, die der Bourgeoisie Form vorausging?

Εννοείτε μια μορφή ιδιοκτησίας που προηγήθηκε της μορφής της αστικής τάξης;

Es ist nicht nötig, sie abzuschaffen, die Entwicklung der Industrie hat sie zum großen Teil bereits zerstört

Δεν υπάρχει λόγος να καταργηθεί αυτό, η ανάπτυξη της βιομηχανίας την έχει ήδη καταστρέψει σε μεγάλο βαθμό

Und die Entwicklung der Industrie zerstört sie immer noch täglich

Και η ανάπτυξη της βιομηχανίας εξακολουθεί να την καταστρέφει καθημερινά

Oder meinen Sie das moderne Bourgeoisie Privateigentum?

Ή μήπως εννοείτε την ατομική ιδιοκτησία της σύγχρονης αστικής τάξης;

Aber schafft die Lohnarbeit irgendein Eigentum für den Arbeiter?

Αλλά η μισθωτή εργασία δημιουργεί κάποια ιδιοκτησία για τον εργάτη;

Nein, die Lohnarbeit schafft nicht ein bisschen von dieser Art von Eigentum!

Όχι, η μισθωτή εργασία δεν δημιουργεί ούτε ένα κομμάτι αυτού του είδους ιδιοκτησίας!

Was Lohnarbeit schafft, ist Kapital; jene Art von Eigentum, das Lohnarbeit ausbeutet

Αυτό που δημιουργεί η μισθωτή εργασία είναι το κεφάλαιο. Αυτό το είδος ιδιοκτησίας που εκμεταλλεύεται τη μισθωτή εργασία

Das Kapital kann sich nur unter der Bedingung vermehren, daß es ein neues Angebot an Lohnarbeit für neue Ausbeutung erzeugt

Το κεφάλαιο δεν μπορεί να αυξηθεί παρά μόνο υπό τον όρο της δημιουργίας μιας νέας προσφοράς μισθωτής εργασίας για νέα εκμετάλλευση

Das Eigentum in seiner jetzigen Form beruht auf dem Antagonismus von Kapital und Lohnarbeit

Η ιδιοκτησία, στη σημερινή της μορφή, βασίζεται στον ανταγωνισμό κεφαλαίου και μισθωτής εργασίας

Betrachten wir beide Seiten dieses Antagonismus

Ας εξετάσουμε και τις δύο πλευρές αυτού του ανταγωνισμού

Kapitalist zu sein bedeutet nicht nur, einen rein persönlichen Status zu haben

Το να είσαι καπιταλιστής σημαίνει να μην έχεις μόνο μια καθαρά προσωπική υπόσταση

Stattdessen bedeutet Kapitalist zu sein auch, einen sozialen Status in der Produktion zu haben

Αντίθετα, το να είσαι καπιταλιστής σημαίνει επίσης να έχεις μια κοινωνική θέση στην παραγωγή

weil Kapital ein kollektives Produkt ist; Nur durch das gemeinsame Handeln vieler Mitglieder kann sie in Gang gesetzt werden

επειδή το κεφάλαιο είναι ένα συλλογικό προϊόν. Μόνο με την ενωμένη δράση πολλών μελών μπορεί να τεθεί σε κίνηση

Aber dieses gemeinsame Handeln ist der letzte Ausweg und erfordert eigentlich alle Mitglieder der Gesellschaft

Αλλά αυτή η ενωμένη δράση είναι η έσχατη λύση, και στην πραγματικότητα απαιτεί όλα τα μέλη της κοινωνίας

Das Kapital verwandelt sich in das Eigentum aller Mitglieder der Gesellschaft

Το κεφάλαιο μετατρέπεται σε ιδιοκτησία όλων των μελών της κοινωνίας

aber das Kapital ist also keine persönliche Macht; Es ist eine gesellschaftliche Macht

Αλλά το Κεφάλαιο δεν είναι, επομένως, μια προσωπική δύναμη. Είναι μια κοινωνική δύναμη

Wenn also Kapital in gesellschaftliches Eigentum umgewandelt wird, so verwandelt sich dadurch nicht persönliches Eigentum in gesellschaftliches Eigentum

Έτσι, όταν το κεφάλαιο μετατρέπεται σε κοινωνική ιδιοκτησία, η προσωπική ιδιοκτησία δεν μετατρέπεται έτσι σε κοινωνική ιδιοκτησία

Nur der gesellschaftliche Charakter des Eigentums wird verändert und verliert seinen Klassencharakter

Μόνο ο κοινωνικός χαρακτήρας της ιδιοκτησίας αλλάζει και χάνει τον ταξικό της χαρακτήρα

Betrachten wir nun die Lohnarbeit

Ας δούμε τώρα τη μισθωτή εργασία

Der Durchschnittspreis der Lohnarbeit ist der Mindestlohn, d.h. das Quantum der Lebensmittel

Η μέση τιμή της μισθωτής εργασίας είναι ο κατώτατος μισθός, δηλαδή το μέγεθος των μέσων διαβίωσης

Dieser Lohn ist für die bloße Existenz als Arbeiter absolut notwendig

Αυτός ο μισθός είναι απολύτως απαραίτητος για την ύπαρξη ενός εργάτη

Was sich also der Lohnarbeiter durch seine Arbeit aneignet, genügt nur, um ein bloßes Dasein zu verlängern und zu reproduzieren

Ό,τι λοιπόν ιδιοποιείται ο μισθωτός εργάτης μέσω της εργασίας του, αρκεί απλώς για να παρατείνει και να αναπαράγει μια γυμνή ύπαρξη

Wir beabsichtigen keineswegs, diese persönliche Aneignung der Arbeitsprodukte abzuschaffen

Σε καμία περίπτωση δεν σκοπεύουμε να καταργήσουμε αυτή την προσωπική ιδιοποίηση των προϊόντων της εργασίας

eine Aneignung, die für die Erhaltung und Reproduktion des menschlichen Lebens bestimmt ist

πίστωση που προορίζεται για τη διατήρηση και την αναπαραγωγή της ανθρώπινης ζωής

Eine solche persönliche Aneignung der Arbeitsprodukte lässt keinen Überschuss übrig, mit dem man die Arbeit anderer befehlen könnte

Μια τέτοια προσωπική ιδιοποίηση των προϊόντων της εργασίας δεν αφήνει κανένα πλεόνασμα για να διευθύνει την εργασία των άλλων

Alles, was wir beseitigen wollen, ist der erbärmliche Charakter dieser Aneignung

Το μόνο που θέλουμε να καταργήσουμε είναι ο άθλιος χαρακτήρας αυτής της πίστωσης

die Aneignung, unter der der Arbeiter lebt, bloß um das Kapital zu vermehren

Η ιδιοποίηση κάτω από την οποία ζει ο εργάτης μόνο και μόνο για να αυξήσει το κεφάλαιο

Er darf nur leben, soweit es das Interesse der herrschenden Klasse erfordert

Του επιτρέπεται να ζει μόνο στο βαθμό που το απαιτεί το συμφέρον της άρχουσας τάξης

In der Bourgeoisie Gesellschaft ist die lebendige Arbeit nur ein Mittel, um die akkumulierte Arbeit zu vermehren

Στην αστική κοινωνία, η ζωντανή εργασία δεν είναι παρά ένα μέσο για την αύξηση της συσσωρευμένης εργασίας

In der kommunistischen Gesellschaft ist die akkumulierte Arbeit nur ein Mittel, um die Existenz des Arbeiters zu erweitern, zu bereichern und zu fördern

Στην κομμουνιστική κοινωνία, η συσσωρευμένη εργασία δεν είναι παρά ένα μέσο διεύρυνσης, πλουτισμού, προώθησης της ύπαρξης του εργάτη

In der Bourgeoisie Gesellschaft dominiert daher die Vergangenheit die Gegenwart

Στην αστική κοινωνία, επομένως, το παρελθόν κυριαρχεί στο παρόν

In der kommunistischen Gesellschaft dominiert die Gegenwart die Vergangenheit

στην κομμουνιστική κοινωνία το παρόν κυριαρχεί στο παρελθόν

In der Bourgeoisie Gesellschaft ist das Kapital unabhängig und hat Individualität

Στην αστική κοινωνία το κεφάλαιο είναι ανεξάρτητο και έχει ατομικότητα

In der Bourgeoisie Gesellschaft ist der lebende Mensch abhängig und hat keine Individualität

Στην αστική κοινωνία ο ζωντανός άνθρωπος είναι εξαρτημένος και δεν έχει ατομικότητα

Und die Abschaffung dieses Zustandes wird von der Bourgeoisie als Abschaffung der Individualität und Freiheit bezeichnet!

Και η κατάργηση αυτής της κατάστασης πραγμάτων ονομάζεται από την αστική τάξη, κατάργηση της ατομικότητας και της ελευθερίας!

Und man nennt sie mit Recht die Abschaffung von Individualität und Freiheit!

Και δικαίως ονομάζεται κατάργηση της ατομικότητας και της ελευθερίας!

Der Kommunismus strebt die Abschaffung der Bourgeoisie Individualität an

Ο κομμουνισμός στοχεύει στην κατάργηση της αστικής ατομικότητας

Der Kommunismus strebt die Abschaffung der Unabhängigkeit der Bourgeoisie an

Ο κομμουνισμός σκοπεύει στην κατάργηση της αστικής ανεξαρτησίας

Die BourgeoisieFreiheit ist zweifellos das, was der Kommunismus anstrebt

Η ελευθερία της αστικής τάξης είναι αναμφίβολα αυτό στο οποίο στοχεύει ο κομμουνισμός

unter den gegenwärtigen Bourgeoisie Produktionsbedingungen bedeutet Freiheit freien Handel, freien Verkauf und freien Kauf

Στις σημερινές αστικές συνθήκες παραγωγής, ελευθερία σημαίνει ελεύθερο εμπόριο, ελεύθερη πώληση και αγορά

Aber wenn das Verkaufen und Kaufen verschwindet, verschwindet auch das freie Verkaufen und Kaufen

Αλλά αν η πώληση και η αγορά εξαφανιστούν, η ελεύθερη πώληση και η αγορά εξαφανίζονται επίσης

"Mutige Worte" der Bourgeoisie über den freien Verkauf und Kauf haben nur eine begrenzte Bedeutung

Τα «γενναία λόγια» της αστικής τάξης για την ελεύθερη πώληση και αγορά έχουν νόημα μόνο με μια περιορισμένη έννοια

Diese Worte haben nur im Gegensatz zu eingeschränktem Verkauf und Kauf eine Bedeutung

Αυτές οι λέξεις έχουν νόημα μόνο σε αντίθεση με τις
περιορισμένες πωλήσεις και αγορές
**und diese Worte haben nur dann eine Bedeutung, wenn sie
auf die gefesselten Händler des Mittelalters angewandt
werden**
Και αυτές οι λέξεις έχουν νόημα μόνο όταν εφαρμόζονται
στους δέσμιους εμπόρους του Μεσαίωνα
**und das setzt voraus, dass diese Worte überhaupt eine
Bedeutung im Bourgeoisie Sinne haben**
Και αυτό προϋποθέτει ότι αυτές οι λέξεις έχουν νόημα
ακόμη και με την αστική έννοια
**aber diese Worte haben keine Bedeutung, wenn sie
gebraucht werden, um sich gegen die kommunistische
Abschaffung des Kaufens und Verkaufens zu wehren**
αλλά αυτές οι λέξεις δεν έχουν νόημα όταν
χρησιμοποιούνται για να αντιταχθούν στην κομμουνιστική
κατάργηση της αγοράς και της πώλησης
**die Worte haben keine Bedeutung, wenn sie gebraucht
werden, um sich gegen die Abschaffung der Bourgeoisie
Produktionsbedingungen zu wehren**
Οι λέξεις δεν έχουν κανένα νόημα όταν χρησιμοποιούνται
για να αντιταχθούν στην κατάργηση των όρων παραγωγής
της αστικής τάξης
**und sie haben keine Bedeutung, wenn sie benutzt werden,
um sich gegen die Abschaffung der Bourgeoisie selbst zu
wehren**
και δεν έχουν κανένα νόημα όταν χρησιμοποιούνται για να
αντιταχθούν στην κατάργηση της ίδιας της αστικής τάξης
**Sie sind entsetzt über unsere Absicht, das Privateigentum
abzuschaffen**
Είστε τρομοκρατημένοι από την πρόθεσή μας να
καταργήσουμε την ιδιωτική ιδιοκτησία
**Aber in eurer jetzigen Gesellschaft ist das Privateigentum
für neun Zehntel der Bevölkerung bereits abgeschafft**
Αλλά στην υπάρχουσα κοινωνία σας, η ιδιωτική ιδιοκτησία
έχει ήδη καταργηθεί για τα εννέα δέκατα του πληθυσμού

Die Existenz des Privateigentums für einige wenige beruht einzig und allein darauf, dass es in den Händen von neun Zehnteln der Bevölkerung nicht existiert

Η ύπαρξη ιδιωτικής ιδιοκτησίας για τους λίγους οφείλεται αποκλειστικά στην ανυπαρξία της στα χέρια των εννέα δεκάτων του πληθυσμού

Sie werfen uns also vor, daß wir eine Form des Eigentums abschaffen wollen

Μας κατηγορείτε, λοιπόν, ότι σκοπεύουμε να καταργήσουμε μια μορφή ιδιοκτησίας

Aber das Privateigentum erfordert für die ungeheure Mehrheit der Gesellschaft die Nichtexistenz jeglichen Eigentums

Αλλά η ατομική ιδιοκτησία απαιτεί την ανυπαρξία οποιασδήποτε ιδιοκτησίας για την τεράστια πλειοψηφία της κοινωνίας

Mit einem Wort, Sie werfen uns vor, daß wir Ihr Eigentum beseitigen wollen

Με μια λέξη, μας κατηγορείτε ότι σκοπεύουμε να καταργήσουμε την περιουσία σας

Und genau so ist es; Ihr Eigentum abzuschaffen, ist genau das, was wir beabsichtigen

Και είναι ακριβώς έτσι. Η κατάργηση του ακινήτου σας είναι ακριβώς αυτό που σκοπεύουμε

Von dem Augenblick an, wo die Arbeit nicht mehr in Kapital, Geld oder Rente verwandelt werden kann

Από τη στιγμή που η εργασία δεν μπορεί πλέον να μετατραπεί σε κεφάλαιο, χρήμα ή ενοίκιο

wenn die Arbeit nicht mehr in eine gesellschaftliche Macht umgewandelt werden kann, die monopolisiert werden kann

όταν η εργασία δεν μπορεί πλέον να μετατραπεί σε κοινωνική δύναμη ικανή να μονοπωληθεί

von dem Augenblick an, wo das individuelle Eigentum nicht mehr in Bourgeoisie Eigentum verwandelt werden kann

από τη στιγμή που η ατομική ιδιοκτησία δεν μπορεί πλέον
να μετατραπεί σε αστική ιδιοκτησία
**von dem Augenblick an, wo das individuelle Eigentum
nicht mehr in Kapital verwandelt werden kann**
από τη στιγμή που η ατομική ιδιοκτησία δεν μπορεί πλέον
να μετατραπεί σε κεφάλαιο
**Von diesem Moment an sagst du, dass die Individualität
verschwindet**
Από εκείνη τη στιγμή, λέτε ότι η ατομικότητα εξαφανίζεται
**Sie müssen also gestehen, daß Sie mit »Individuum« keine
andere Person meinen als die Bourgeoisie**
Πρέπει, επομένως, να ομολογήσετε ότι με τον όρο «άτομο»
δεν εννοείτε κανένα άλλο πρόσωπο εκτός από την αστική
τάξη
**Sie müssen zugeben, dass es sich speziell auf den
Bourgeoisie Eigentümer von Immobilien bezieht**
Πρέπει να ομολογήσετε ότι αναφέρεται συγκεκριμένα στον
ιδιοκτήτη ιδιοκτησίας της μεσαίας τάξης
**Diese Person muss in der Tat aus dem Weg geräumt und
unmöglich gemacht werden**
Αυτό το άτομο πρέπει, πράγματι, να παρασυρθεί από τη
μέση και να καταστεί αδύνατο
**Der Kommunismus beraubt niemanden der Macht, sich die
Produkte der Gesellschaft anzueignen**
Ο κομμουνισμός δεν στερεί από κανέναν άνθρωπο τη
δύναμη να ιδιοποιηθεί τα προϊόντα της κοινωνίας
**Alles, was der Kommunismus tut, ist, ihm die Macht zu
nehmen, die Arbeit anderer durch eine solche Aneignung zu
unterjochen**
Το μόνο που κάνει ο κομμουνισμός είναι να του στερεί τη
δύναμη να υποτάσσει την εργασία των άλλων μέσω μιας
τέτοιας ιδιοποίησης
**Man hat eingewendet, daß mit der Abschaffung des
Privateigentums alle Arbeit aufhören werde**
Έχει διατυπωθεί η αντίρρηση ότι με την κατάργηση της
ατομικής ιδιοκτησίας θα σταματήσει κάθε εργασία

Und dann wird suggeriert, dass uns die universelle Faulheit überwältigen wird

Και τότε προτείνεται ότι η καθολική τεμπελιά θα μας ξεπεράσει

Demnach hätte die BourgeoisieGesellschaft schon längst vor lauter Müßiggang vor die Hunde gehen müssen

Σύμφωνα με αυτό, η αστική κοινωνία θα έπρεπε εδώ και πολύ καιρό να είχε πάει στα σκυλιά από καθαρή αδράνεια

denn diejenigen ihrer Mitglieder, die arbeiten, erwerben nichts

γιατί όσα από τα μέλη της εργάζονται, δεν αποκτούν τίποτα

und diejenigen von ihren Mitgliedern, die etwas erwerben, arbeiten nicht

Και εκείνα από τα μέλη της που αποκτούν οτιδήποτε, δεν εργάζονται

Der ganze Einwand ist nur ein weiterer Ausdruck der Tautologie

Το σύνολο αυτής της αντίρρησης δεν είναι παρά μια άλλη έκφραση της ταυτολογίας

Es kann keine Lohnarbeit mehr geben, wenn es kein Kapital mehr gibt

Δεν μπορεί πλέον να υπάρχει μισθωτή εργασία όταν δεν υπάρχει πλέον κεφάλαιο

Es gibt keinen Unterschied zwischen materiellen und mentalen Produkten

Δεν υπάρχει διαφορά μεταξύ υλικών προϊόντων και διανοητικών προϊόντων

Der Kommunismus schlägt vor, dass beides auf die gleiche Weise produziert wird

Ο κομμουνισμός προτείνει ότι και τα δύο αυτά παράγονται με τον ίδιο τρόπο

aber die Einwände gegen die kommunistischen Produktionsweisen sind dieselben

αλλά οι αντιρρήσεις ενάντια στους κομμουνιστικούς τρόπους παραγωγής τους είναι οι ίδιες

Für die Bourgeoisie ist das Verschwinden des Klasseneigentums das Verschwinden der Produktion selbst

Για την αστική τάξη η εξαφάνιση της ταξικής ιδιοκτησίας είναι η εξαφάνιση της ίδιας της παραγωγής

So ist für ihn das Verschwinden der Klassenkultur identisch mit dem Verschwinden aller Kultur

Έτσι, η εξαφάνιση της ταξικής κουλτούρας είναι γι' αυτόν ταυτόσημη με την εξαφάνιση κάθε πολιτισμού

Diese Kultur, deren Verlust er beklagt, ist für die überwiegende Mehrheit ein bloßes Training, um als Maschine zu agieren

Αυτή η κουλτούρα, για την απώλεια της οποίας θρηνεί, είναι για τη συντριπτική πλειοψηφία μια απλή εκπαίδευση για να ενεργεί ως μηχανή

Die Kommunisten haben die Absicht, die Kultur des Bourgeoisie Eigentums abzuschaffen

Οι κομμουνιστές σκοπεύουν πάρα πολύ να καταργήσουν την κουλτούρα της αστικής ιδιοκτησίας

Aber zankt euch nicht mit uns, solange ihr den Maßstab eurer Bourgeoisie Vorstellungen von Freiheit, Kultur, Recht usw. anlegt

Αλλά μην μαλώνετε μαζί μας όσο εφαρμόζετε το πρότυπο των αστικών σας εννοιών της ελευθερίας, του πολιτισμού, του νόμου κλπ

Eure Ideen selbst sind nur die Auswüchse der Bedingungen eurer Bourgeoisie Produktion und eures Bourgeoisie Eigentums

Οι ίδιες οι ιδέες σας δεν είναι παρά το αποτέλεσμα των συνθηκών της αστικής σας παραγωγής και της αστικής ιδιοκτησίας

so wie eure Jurisprudenz nichts anderes ist als der Wille eurer Klasse, der zum Gesetz für alle gemacht wurde

Ακριβώς όπως η νομολογία σας δεν είναι παρά η θέληση της τάξης σας που έγινε νόμος για όλους

Der wesentliche Charakter und die Richtung dieses Willens werden durch die ökonomischen Bedingungen bestimmt, die Ihre soziale Klasse schafft

Ο ουσιαστικός χαρακτήρας και η κατεύθυνση αυτής της θέλησης καθορίζονται από τις οικονομικές συνθήκες που δημιουργεί η κοινωνική σας τάξη

Der selbstsüchtige Irrtum, der dich veranlaßt, soziale Formen in ewige Gesetze der Natur und der Vernunft zu verwandeln

Η εγωιστική παρανόηση που σας ωθεί να μεταμορφώσετε τις κοινωνικές μορφές σε αιώνιους νόμους της φύσης και της λογικής

die gesellschaftlichen Formen, die aus eurer gegenwärtigen Produktionsweise und Eigentumsform entspringen

Οι κοινωνικές μορφές που πηγάζουν από τον τωρινό τρόπο παραγωγής και μορφής ιδιοκτησίας

historische Beziehungen, die im Fortschritt der Produktion auf- und verschwinden

Ιστορικές σχέσεις που αναδύονται και εξαφανίζονται στην πρόοδο της παραγωγής

Dieses Missverständnis teilt ihr mit jeder herrschenden Klasse, die euch vorausgegangen ist

Αυτή την παρανόηση που μοιράζεστε με κάθε άρχουσα τάξη που έχει προηγηθεί από εσάς

Was Sie bei antikem Eigentum klar sehen, was Sie bei feudalem Eigentum zugeben

Τι βλέπετε καθαρά στην περίπτωση της αρχαίας ιδιοκτησίας, τι παραδέχεστε στην περίπτωση της φεουδαρχικής ιδιοκτησίας

diese Dinge dürfen Sie natürlich nicht zugeben, wenn es sich um Ihre eigene BourgeoisieEigentumsform handelt

Αυτά τα πράγματα φυσικά απαγορεύεται να τα παραδεχτείς στην περίπτωση της δικής σου αστικής αστικής τάξης

Abschaffung der Familie! Selbst die Radikalsten entrüsten sich über diesen infamen Vorschlag der Kommunisten

Κατάργηση της οικογένειας! Ακόμα και οι πιο
ριζοσπαστικοί φουντώνουν σε αυτή την περιβόητη
πρόταση των κομμουνιστών

**Auf welcher Grundlage beruht die heutige Familie, die
BourgeoisieFamilie?**

Σε ποια βάση βασίζεται η σημερινή οικογένεια, η
οικογένεια της μπουρζουαζίας;

**Die Gründung der heutigen Familie beruht auf Kapital und
privatem Gewinn**

Η ίδρυση της σημερινής οικογένειας βασίζεται στο
κεφάλαιο και το ιδιωτικό κέρδος

**In ihrer voll entwickelten Form existiert diese Familie nur
unter der Bourgeoisie**

Στην πλήρως αναπτυγμένη μορφή της, αυτή η οικογένεια
υπάρχει μόνο μέσα στην αστική τάξη

**Dieser Zustand der Dinge findet seine Ergänzung in der
praktischen Abwesenheit der Familie bei den Proletariern**

Αυτή η κατάσταση πραγμάτων βρίσκει το συμπλήρωμά της
στην πρακτική απουσία της οικογένειας ανάμεσα στους
προλετάριους

Dieser Zustand ist in der öffentlichen Prostitution zu finden

Αυτή η κατάσταση πραγμάτων μπορεί να βρεθεί στη
δημόσια πορνεία

**Die BourgeoisieFamilie wird wie selbstverständlich
verschwinden, wenn ihr Komplement verschwindet**

Η οικογένεια της μπουρζουαζίας θα εξαφανιστεί όπως
είναι φυσικό όταν εξαφανιστεί το συμπλήρωμά της

**Und beides wird mit dem Verschwinden des Kapitals
verschwinden**

Και οι δύο αυτές θα εξαφανιστούν με την εξαφάνιση του
κεφαλαίου

**Werfen Sie uns vor, dass wir die Ausbeutung von Kindern
durch ihre Eltern stoppen wollen?**

Μας κατηγορείτε ότι θέλουμε να σταματήσουμε την
εκμετάλλευση των παιδιών από τους γονείς τους;

Diesem Verbrechen bekennen wir uns schuldig

Σε αυτό το έγκλημα παραδεχόμαστε την ενοχή μας

Aber, werden Sie sagen, wir zerstören die heiligsten Beziehungen, wenn wir die häusliche Erziehung durch die soziale Erziehung ersetzen

Αλλά, θα πείτε, καταστρέφουμε τις πιο ιερές σχέσεις, όταν αντικαθιστούμε την εκπαίδευση στο σπίτι με την κοινωνική εκπαίδευση

Ist Ihre Erziehung nicht auch sozial? Und wird sie nicht von den gesellschaftlichen Bedingungen bestimmt, unter denen man erzieht?

Η εκπαίδευσή σας δεν είναι επίσης κοινωνική; Και δεν καθορίζεται από τις κοινωνικές συνθήκες κάτω από τις οποίες εκπαιδεύετε;

durch direkte oder indirekte Eingriffe in die Gesellschaft, durch Schulen usw.

με την παρέμβαση, άμεση ή έμμεση, της κοινωνίας, μέσω των σχολείων κ.λπ.

Die Kommunisten haben die Einmischung der Gesellschaft in die Erziehung nicht erfunden

Οι κομμουνιστές δεν εφηύραν την παρέμβαση της κοινωνίας στην εκπαίδευση

Sie versuchen lediglich, den Charakter dieses Eingriffs zu ändern

Δεν επιδιώκουν παρά να αλλοιώσουν τον χαρακτήρα αυτής της παρεμβάσεως

Und sie versuchen, das Bildungswesen vor dem Einfluss der herrschenden Klasse zu retten

Και επιδιώκουν να διασώσουν την εκπαίδευση από την επιρροή της άρχουσας τάξης

Die Bourgeoisie spricht von der geheiligten Beziehung von Eltern und Kind

Η αστική τάξη μιλά για την αγιασμένη σχέση γονέα και παιδιού

aber dieses Geschwätz über die Familie und die Erziehung wird um so widerwärtiger, wenn wir die moderne Industrie betrachten

Αλλά αυτή η παγίδα για την οικογένεια και την εκπαίδευση γίνεται όλο και πιο αηδιαστική όταν κοιτάζουμε τη σύγχρονη βιομηχανία

Alle Familienbande unter den Proletariern werden durch die moderne Industrie zerrissen

Όλοι οι οικογενειακοί δεσμοί μεταξύ των προλετάριων σπαράσσονται από τη σύγχρονη βιομηχανία

ihre Kinder werden zu einfachen Handelsartikeln und Arbeitsinstrumenten

Τα παιδιά τους μετατρέπονται σε απλά αντικείμενα εμπορίου και εργαλεία εργασίας

Aber ihr Kommunisten würdet eine Gemeinschaft von Frauen schaffen, schreit die ganze Bourgeoisie im Chor

Αλλά εσείς οι κομμουνιστές θα δημιουργούσατε μια κοινότητα γυναικών, φωνάζει εν χορώ ολόκληρη η αστική τάξη

Die Bourgeoisie sieht in seiner Frau ein bloßes Produktionsinstrument

Η αστική τάξη βλέπει στη γυναίκα του ένα απλό εργαλείο παραγωγής

Er hört, dass die Produktionsmittel von allen ausgebeutet werden sollen

Ακούει ότι τα μέσα παραγωγής πρέπει να τα εκμεταλλεύονται όλοι

Und natürlich kann er zu keinem anderen Schluß kommen, als daß das Los, allen gemeinsam zu sein, auch den Frauen zufallen wird

Και, φυσικά, δεν μπορεί να καταλήξει σε άλλο συμπέρασμα από το ότι η μοίρα του να είναι κοινή για όλους θα πέσει επίσης στις γυναίκες

Er hat nicht einmal den geringsten Verdacht, dass es in Wirklichkeit darum geht, die Stellung der Frau als bloße Produktionsinstrumente abzuschaffen

Δεν έχει καν την παραμικρή υποψία ότι το πραγματικό ζήτημα είναι να καταργηθεί η θέση των γυναικών ως απλών μέσων παραγωγής

Im übrigen ist nichts lächerlicher als die tugendhafte Empörung unserer Bourgeoisie über die Gemeinschaft der Frauen

Για τα υπόλοιπα, τίποτα δεν είναι πιο γελοίο από την ενάρετη αγανάκτηση της αστικής μας τάξης για την κοινότητα των γυναικών

sie tun so, als ob sie von den Kommunisten offen und offiziell eingeführt werden sollte

προσποιούνται ότι πρόκειται να καθιερωθεί ανοιχτά και επίσημα από τους κομμουνιστές

Die Kommunisten haben es nicht nötig, die Gemeinschaft der Frauen einzuführen, sie existiert fast seit undenklichen Zeiten

Οι κομμουνιστές δεν έχουν ανάγκη να εισαγάγουν κοινότητα γυναικών, υπάρχει σχεδόν από αμνημονεύτων χρόνων

Unsere Bourgeoisie begnügt sich nicht damit, die Frauen und Töchter ihrer Proletarier zur Verfügung zu haben

Η αστική μας τάξη δεν αρκείται στο να έχει στη διάθεσή της τις συζύγους και τις κόρες των προλετάριων της

Sie haben das größte Vergnügen daran, ihre Frauen gegenseitig zu verführen

Παίρνουν τη μεγαλύτερη ευχαρίστηση να αποπλανούν ο ένας τις συζύγους του άλλου

Und das ist noch nicht einmal von gewöhnlichen Prostituierten zu sprechen

Και αυτό δεν είναι καν για να μιλήσουμε για κοινές

Die BourgeoisieEhe ist in Wirklichkeit ein System gemeinsamer Ehefrauen

Ο αστικός γάμος είναι στην πραγματικότητα ένα κοινό σύστημα συζύγων

dann gibt es eine Sache, die man den Kommunisten vielleicht vorwerfen könnte

τότε υπάρχει ένα πράγμα για το οποίο θα μπορούσαν ενδεχομένως να κατηγορηθούν οι κομμουνιστές

Sie wollen eine offen legalisierte Gemeinschaft von Frauen einführen

επιθυμούν να εισαγάγουν μια ανοιχτά νομιμοποιημένη κοινότητα γυναικών

statt einer heuchlerisch verhüllten Gemeinschaft von Frauen

αντί για μια υποκριτικά κρυμμένη κοινότητα γυναικών

Die Gemeinschaft der Frauen, die aus dem Produktionssystem hervorgegangen ist

Η κοινότητα των γυναικών που ξεπηδά από το σύστημα παραγωγής

Schafft das Produktionssystem ab, und ihr schafft die Gemeinschaft der Frauen ab

Καταργήστε το σύστημα παραγωγής και καταργείτε την κοινότητα των γυναικών

Sowohl die öffentliche Prostitution als auch die private Prostitution wird abgeschafft

Τόσο η δημόσια πορνεία καταργείται όσο και η ιδιωτική πορνεία

Den Kommunisten wird noch dazu vorgeworfen, sie wollten Länder und Nationalitäten abschaffen

Οι κομμουνιστές κατηγορούνται όλο και περισσότερο ότι επιθυμούν να καταργήσουν χώρες και εθνότητες

Die Arbeiter haben kein Vaterland, also können wir ihnen nicht nehmen, was sie nicht haben

Οι εργαζόμενοι δεν έχουν πατρίδα, οπότε δεν μπορούμε να τους πάρουμε αυτό που δεν έχουν

Das Proletariat muss vor allem die politische Herrschaft erlangen

Το προλεταριάτο πρέπει πρώτα απ' όλα να αποκτήσει πολιτική υπεροχή

Das Proletariat muss sich zur führenden Klasse der Nation erheben

Το προλεταριάτο πρέπει να αναδειχθεί σε ηγετική τάξη του έθνους

Das Proletariat muss sich zur Nation konstituieren

Το προλεταριάτο πρέπει να συγκροτήσει το ίδιο το έθνος

sie ist bis jetzt selbst national, wenn auch nicht im Bourgeoisie Sinne des Wortes

Είναι, μέχρι στιγμής, η ίδια εθνική, αν και όχι με την αστική έννοια της λέξης

Nationale Unterschiede und Gegensätze zwischen den Völkern verschwinden täglich mehr und mehr

Οι εθνικές διαφορές και ανταγωνισμοί μεταξύ των λαών εξαφανίζονται καθημερινά όλο και περισσότερο

der Entwicklung der Bourgeoisie, der Freiheit des Handels, des Weltmarktes

λόγω της ανάπτυξης της αστικής τάξης, της ελευθερίας του εμπορίου, της παγκόσμιας αγοράς

zur Gleichförmigkeit der Produktionsweise und der ihr entsprechenden Lebensbedingungen

στην ομοιομορφία του τρόπου παραγωγής και των συνθηκών ζωής που αντιστοιχούν σε αυτόν·

Die Herrschaft des Proletariats wird sie noch schneller verschwinden lassen

Η υπεροχή του προλεταριάτου θα τους κάνει να εξαφανιστούν ακόμα πιο γρήγορα

Die einheitliche Aktion, wenigstens der führenden zivilisierten Länder, ist eine der ersten Bedingungen für die Befreiung des Proletariats

Η ενωμένη δράση, τουλάχιστον των ηγετικών πολιτισμένων χωρών, είναι ένας από τους πρώτους όρους για τη χειραφέτηση του προλεταριάτου

In dem Maße, wie der Ausbeutung eines Individuums durch ein anderes ein Ende gesetzt wird, wird auch der Ausbeutung einer Nation durch eine andere ein Ende gesetzt.

Ανάλογα με το τέλος της εκμετάλλευσης ενός ατόμου από ένα άλλο, θα τεθεί επίσης τέλος στην εκμετάλλευση ενός έθνους από ένα άλλο

In dem Maße, wie der Antagonismus zwischen den Klassen innerhalb der Nation verschwindet, wird die Feindschaft einer Nation gegen die andere ein Ende haben

Ανάλογα με την εξαφάνιση του ανταγωνισμού μεταξύ των τάξεων μέσα στο έθνος, η εχθρότητα του ενός έθνους προς το άλλο θα τελειώσει

Die Anschuldigungen gegen den Kommunismus, die von einem religiösen, philosophischen und allgemein von einem ideologischen Standpunkt aus erhoben werden, verdienen keine ernsthafte Prüfung

Οι κατηγορίες εναντίον του κομμουνισμού που διατυπώνονται από θρησκευτική, φιλοσοφική και, γενικά, ιδεολογική άποψη, δεν αξίζουν σοβαρής εξέτασης

Braucht es eine tiefe Intuition, um zu begreifen, dass sich die Ideen, Ansichten und Vorstellungen des Menschen mit jeder Veränderung der Bedingungen seiner materiellen Existenz ändern?

Χρειάζεται βαθιά διαίσθηση για να κατανοήσουμε ότι οι ιδέες, οι απόψεις και οι αντιλήψεις του ανθρώπου αλλάζουν με κάθε αλλαγή στις συνθήκες της υλικής του ύπαρξης;

Ist es nicht offensichtlich, dass das Bewusstsein des Menschen sich Verändert, wenn seine sozialen Beziehungen und sein soziales Leben ändern?

Δεν είναι φανερό ότι η συνείδηση του ανθρώπου αλλάζει όταν αλλάζουν οι κοινωνικές του σχέσεις και η κοινωνική του ζωή;

Was beweist die Ideengeschichte anderes, als daß die geistige Produktion ihren Charakter in dem Maße ändert, wie die materielle Produktion verändert wird?

Τι άλλο αποδεικνύει η ιστορία των ιδεών, από το ότι η πνευματική παραγωγή αλλάζει τον χαρακτήρα της ανάλογα με την αλλαγή της υλικής παραγωγής;

Die herrschenden Ideen eines jeden Zeitalters waren immer die Ideen seiner herrschenden Klasse

Οι κυρίαρχες ιδέες κάθε εποχής ήταν πάντα οι ιδέες της άρχουσας τάξης της

Wenn Menschen von Ideen sprechen, die die Gesellschaft revolutionieren, drücken sie nur eine Tatsache aus

Όταν οι άνθρωποι μιλούν για ιδέες που φέρνουν επανάσταση στην κοινωνία, εκφράζουν μόνο ένα γεγονός

Innerhalb der alten Gesellschaft wurden die Elemente einer neuen geschaffen

Μέσα στην παλιά κοινωνία, τα στοιχεία μιας νέας έχουν δημιουργηθεί

und daß die Auflösung der alten Ideen mit der Auflösung der alten Daseinsverhältnisse Schritt hält

και ότι η διάλυση των παλιών ιδεών συμβαδίζει με τη διάλυση των παλιών συνθηκών ύπαρξης

Als die Antike in den letzten Zügen lag, wurden die alten Religionen vom Christentum überwunden

Όταν ο αρχαίος κόσμος βρισκόταν στην τελευταία του αγωνία, οι αρχαίες θρησκείες ξεπεράστηκαν από τον Χριστιανισμό

Als die christlichen Ideen im 18. Jahrhundert den rationalistischen Ideen erlagen, kämpfte die feudale Gesellschaft ihren Todeskampf mit der damals revolutionären Bourgeoisie

Όταν οι χριστιανικές ιδέες υπέκυψαν τον 18ο αιώνα στις ορθολογιστικές ιδέες, η φεουδαρχική κοινωνία έδωσε τη μάχη του θανάτου της με την τότε επαναστατική αστική τάξη

Die Ideen der Religions- und Gewissensfreiheit brachten lediglich die Herrschaft des freien Wettbewerbs auf dem Gebiet des Wissens zum Ausdruck

Οι ιδέες της θρησκευτικής ελευθερίας και της ελευθερίας συνείδησης απλώς εξέφρασαν την κυριαρχία του ελεύθερου ανταγωνισμού στο πεδίο της γνώσης

"Zweifellos", wird man sagen, "sind religiöse, moralische, philosophische und juristische Ideen im Laufe der geschichtlichen Entwicklung modifiziert worden"

«Αναμφίβολα», θα ειπωθεί, «οι θρησκευτικές, ηθικές, φιλοσοφικές και νομικές ιδέες έχουν τροποποιηθεί κατά τη διάρκεια της ιστορικής εξέλιξης»

"Aber Religion, Moralphilosophie, Politikwissenschaft und Recht überlebten diesen Wandel ständig."

«Αλλά η θρησκεία, η ηθική, η φιλοσοφία, η πολιτική επιστήμη και το δίκαιο, επιβίωναν συνεχώς από αυτή την αλλαγή»

"Es gibt auch ewige Wahrheiten, wie Freiheit, Gerechtigkeit usw."

«Υπάρχουν και αιώνιες αλήθειες, όπως η Ελευθερία, η Δικαιοσύνη κ.λπ.»

"Diese ewigen Wahrheiten sind allen Zuständen der Gesellschaft gemeinsam"

«Αυτές οι αιώνιες αλήθειες είναι κοινές σε όλες τις καταστάσεις της κοινωνίας»

"Aber der Kommunismus schafft die ewigen Wahrheiten ab, er schafft alle Religion und alle Moral ab."

«Αλλά ο κομμουνισμός καταργεί τις αιώνιες αλήθειες, καταργεί κάθε θρησκεία και κάθε ηθική»

"Sie tut dies, anstatt sie auf einer neuen Grundlage zu konstituieren"

«Το κάνει αυτό αντί να τα συγκροτεί σε μια νέα βάση»

"Sie handelt daher im Widerspruch zu allen bisherigen historischen Erfahrungen"

«Επομένως, ενεργεί σε αντίθεση με όλη την ιστορική εμπειρία του παρελθόντος»

Worauf reduziert sich dieser Vorwurf?

Σε τι περιορίζεται αυτή η κατηγορία;

Die Geschichte aller vergangenen Gesellschaften hat in der Entwicklung von Klassengegensätzen bestanden

Η ιστορία όλης της κοινωνίας του παρελθόντος συνίστατο στην ανάπτυξη ταξικών ανταγωνισμών

Antagonismen, die in verschiedenen Epochen unterschiedliche Formen annahmen

Ανταγωνισμοί που πήραν διαφορετικές μορφές σε διαφορετικές εποχές

Aber welche Form sie auch immer angenommen haben mögen, eine Tatsache ist allen vergangenen Zeitaltern gemeinsam

Αλλά όποια μορφή κι αν έχουν πάρει, ένα γεγονός είναι κοινό σε όλες τις περασμένες εποχές

die Ausbeutung eines Teils der Gesellschaft durch den anderen

την εκμετάλλευση ενός μέρους της κοινωνίας από το άλλο

Kein Wunder also, dass sich das gesellschaftliche Bewußtsein vergangener Zeiten innerhalb gewisser allgemeiner Formen oder allgemeiner Vorstellungen bewegt

Δεν είναι περίεργο, λοιπόν, ότι η κοινωνική συνείδηση των περασμένων εποχών κινείται μέσα σε ορισμένες κοινές μορφές ή γενικές ιδέες

(und das trotz aller Vielfalt und Vielfalt, die es zeigt)

(και αυτό παρά την πολλαπλότητα και την ποικιλία που επιδεικνύει)

Und diese können nur mit dem gänzlichen Verschwinden der Klassengegensätze völlig verschwinden

Και αυτά δεν μπορούν να εξαφανιστούν εντελώς παρά μόνο με την πλήρη εξαφάνιση των ταξικών ανταγωνισμών

Die kommunistische Revolution ist der radikalste Bruch mit den traditionellen Eigentumsverhältnissen

Η κομμουνιστική επανάσταση είναι η πιο ριζική ρήξη με τις παραδοσιακές σχέσεις ιδιοκτησίας

Kein Wunder, dass ihre Entwicklung den radikalsten Bruch mit den traditionellen Vorstellungen mit sich bringt

Δεν είναι περίεργο ότι η ανάπτυξή της συνεπάγεται την πιο ριζική ρήξη με τις παραδοσιακές ιδέες

Aber lassen wir die Einwände der Bourgeoisie gegen den Kommunismus hinter uns

Αλλά ας τελειώσουμε με τις αντιρρήσεις της αστικής τάξης για τον κομμουνισμό

Wir haben oben den ersten Schritt der Arbeiterklasse in der Revolution gesehen

Είδαμε παραπάνω το πρώτο βήμα της επανάστασης από την εργατική τάξη

Das Proletariat muss zur Herrschaft erhoben werden, um den Kampf der Demokratie zu gewinnen

Το προλεταριάτο πρέπει να ανυψωθεί σε θέση εξουσίας, για να κερδίσει τη μάχη της δημοκρατίας

Das Proletariat wird seine politische Vorherrschaft benutzen, um der Bourgeoisie nach und nach alles Kapital zu entreißen

Το προλεταριάτο θα χρησιμοποιήσει την πολιτική του υπεροχή για να αποσπάσει, βαθμιαία, όλο το κεφάλαιο από την αστική τάξη

sie wird alle Produktionsmittel in den Händen des Staates zentralisieren

θα συγκεντρώσει όλα τα μέσα παραγωγής στα χέρια του κράτους

Mit anderen Worten, das Proletariat organisierte sich als herrschende Klasse

Με άλλα λόγια, το προλεταριάτο οργανωμένο ως άρχουσα τάξη

Und sie wird die Summe der Produktivkräfte so schnell wie möglich vermehren

Και θα αυξήσει το σύνολο των παραγωγικών δυνάμεων όσο το δυνατόν γρηγορότερα

Natürlich kann dies anfangs nur durch despotische Eingriffe in die Eigentumsrechte geschehen

Φυσικά, στην αρχή, αυτό δεν μπορεί να επιτευχθεί παρά μόνο μέσω δεσποτικών επιδρομών στα δικαιώματα ιδιοκτησίας

und sie muss unter den Bedingungen der Bourgeoisie Produktion erreicht werden

και πρέπει να επιτευχθεί στις συνθήκες της αστικής παραγωγής

Sie wird also durch Maßnahmen erreicht, die wirtschaftlich unzureichend und unhaltbar erscheinen

Επομένως, επιτυγχάνεται με μέτρα που φαίνονται οικονομικά ανεπαρκή και αβάσιμα

aber diese Mittel überflügeln sich im Laufe der Bewegung selbst

Αλλά αυτά τα μέσα, κατά τη διάρκεια του κινήματος, ξεπερνούν τον εαυτό τους

sie erfordern weitere Eingriffe in die alte Gesellschaftsordnung

Απαιτούν περαιτέρω επιδρομές στην παλιά κοινωνική τάξη

und sie sind unvermeidlich, um die Produktionsweise völlig zu revolutionieren

Και είναι αναπόφευκτες ως μέσο πλήρους επαναστατικοποίησης του τρόπου παραγωγής

Diese Maßnahmen werden natürlich in den verschiedenen Ländern unterschiedlich sein

Τα μέτρα αυτά θα είναι φυσικά διαφορετικά στις διάφορες χώρες

Nichtsdestotrotz wird in den am weitesten fortgeschrittenen Ländern das Folgende ziemlich allgemein anwendbar sein

Παρ'όλα αυτά, στις πιο προηγμένες χώρες, τα ακόλουθα θα ισχύουν αρκετά γενικά

1. Abschaffung des Grundeigentums und Verwendung aller Grundrenten für öffentliche Zwecke.

1. Κατάργηση της ιδιοκτησίας στη γη και διάθεση όλων των ενοικίων γης για δημόσιους σκοπούς.

2. Eine hohe progressive oder abgestufte Einkommensteuer.

2. Βαρύς προοδευτικός ή κλιμακωτός φόρος εισοδήματος.

3. Abschaffung jeglichen Erbrechts.

3. Κατάργηση κάθε κληρονομικού δικαιώματος.

4. Konfiskation des Eigentums aller Emigranten und Rebellen.

4. Δήμευση της περιουσίας όλων των μεταναστών και ανταρτών.

5. Zentralisierung des Kredits in den Händen des Staates durch eine Nationalbank mit staatlichem Kapital und ausschließlichem Monopol.

5. Συγκέντρωση της πίστωσης στα χέρια του κράτους, μέσω μιας εθνικής τράπεζας με κρατικό κεφάλαιο και αποκλειστικό μονοπώλιο.

6. Zentralisierung der Kommunikations- und Transportmittel in den Händen des Staates.

6. Συγκέντρωση των μέσων επικοινωνίας και μεταφοράς στα χέρια του κράτους.

7. Ausbau der Fabriken und Produktionsmittel im Eigentum des Staates

7. Επέκταση εργοστασίων και μέσων παραγωγής που ανήκουν στο κράτος

die Kultivierung von Ödland und die Verbesserung des Bodens überhaupt nach einem gemeinsamen Plan.

την καλλιέργεια των χέρσων εκτάσεων και τη βελτίωση του εδάφους γενικά σύμφωνα με ένα κοινό σχέδιο.

8. Gleiche Haftung aller für die Arbeit

8. Ίση ευθύνη όλων στην εργασία

Aufbau von Industriearmeen, vor allem für die Landwirtschaft.

Δημιουργία βιομηχανικών στρατών, ειδικά για τη γεωργία.

9. Kombination der Landwirtschaft mit dem verarbeitenden Gewerbe

9. Συνδυασμός γεωργίας και μεταποιητικών βιομηχανιών

allmähliche Aufhebung der Unterscheidung zwischen Stadt und Land durch eine gleichmäßigere Verteilung der Bevölkerung über das Land.

Σταδιακή κατάργηση της διάκρισης μεταξύ πόλης και υπαίθρου, με μια πιο ομοιόμορφη κατανομή του πληθυσμού στη χώρα.

10. Kostenlose Bildung für alle Kinder in öffentlichen Schulen.

10. Δωρεάν εκπαίδευση για όλα τα παιδιά στα δημόσια σχολεία.

Abschaffung der Kinderfabrikarbeit in ihrer jetzigen Form

Κατάργηση της παιδικής εργοστασιακής εργασίας στη σημερινή της μορφή

Kombination von Bildung und industrieller Produktion
Συνδυασμός εκπαίδευσης και βιομηχανικής παραγωγής
Wenn im Laufe der Entwicklung die Klassenunterschiede verschwunden sind
Όταν, στην πορεία της ανάπτυξης, οι ταξικές διακρίσεις έχουν εξαφανιστεί
und wenn die ganze Produktion in den Händen einer ungeheuren Assoziation der ganzen Nation konzentriert ist
Και όταν όλη η παραγωγή έχει συγκεντρωθεί στα χέρια μιας τεράστιας ένωσης ολόκληρου του έθνους
dann verliert die Staatsgewalt ihren politischen Charakter
Τότε η δημόσια εξουσία θα χάσει τον πολιτικό της χαρακτήρα
Politische Macht, eigentlich so genannt, ist nichts anderes als die organisierte Macht einer Klasse, um eine andere zu unterdrücken
Η πολιτική εξουσία, όπως σωστά ονομάζεται, είναι απλώς η οργανωμένη δύναμη μιας τάξης για την καταπίεση μιας άλλης
Wenn das Proletariat in seinem Kampf mit der Bourgeoisie durch die Gewalt der Umstände gezwungen ist, sich als Klasse zu organisieren
Αν το προλεταριάτο κατά τη διάρκεια του ανταγωνισμού του με την αστική τάξη είναι υποχρεωμένο, από τη δύναμη των περιστάσεων, να οργανωθεί σαν τάξη
wenn sie sich durch eine Revolution zur herrschenden Klasse macht
αν, μέσω μιας επανάστασης, κάνει τον εαυτό της κυρίαρχη τάξη
und als solche fegt sie mit Gewalt die alten Produktionsbedingungen hinweg
Και, ως τέτοια, σαρώνει με τη βία τις παλιές συνθήκες παραγωγής
dann wird sie mit diesen Bedingungen auch die Bedingungen für die Existenz der Klassengegensätze und der Klassen überhaupt hinweggefegt haben

Τότε, μαζί με αυτές τις συνθήκες, θα έχει σαρώσει και τις συνθήκες ύπαρξης των ταξικών ανταγωνισμών και των τάξεων γενικά

und wird damit seine eigene Vorherrschaft als Klasse aufgehoben haben.

και έτσι θα έχει καταργήσει τη δική της υπεροχή ως τάξη.

An die Stelle der alten Bourgeoisie Gesellschaft mit ihren Klassen und Klassengegensätzen treten eine Assoziation

Στη θέση της παλιάς αστικής κοινωνίας, με τις τάξεις και τους ταξικούς ανταγωνισμούς της, θα έχουμε μια ένωση

eine Assoziation, in der die freie Entwicklung eines jeden die Bedingung für die freie Entwicklung aller ist

μια ένωση στην οποία η ελεύθερη ανάπτυξη του καθενός είναι η προϋπόθεση για την ελεύθερη ανάπτυξη όλων

1) Reaktionärer Sozialismus
1) Αντιδραστικός σοσιαλισμός

a) Feudaler Sozialismus
α) Φεουδαρχικός σοσιαλισμός

die Aristokratien Frankreichs und Englands hatten eine einzigartige historische Stellung
οι αριστοκρατίες της Γαλλίας και της Αγγλίας είχαν μια μοναδική ιστορική θέση
es wurde zu ihrer Berufung, Pamphlete gegen die moderne Boureoisie Gesellschaft zu schreiben
Έγινε η αποστολή τους να γράφουν μπροσούρες ενάντια στη σύγχρονη αστική κοινωνία
In der französischen Revolution vom Juli 1830 und in der englischen Reformagitation
Στη γαλλική επανάσταση του Ιουλίου του 1830 και στην αγγλική μεταρρυθμιστική αναταραχή
Diese Aristokratien erlagen wieder dem hasserfüllten Emporkömmling
Αυτές οι αριστοκρατίες υπέκυψαν και πάλι στον μισητό νεοσύστατο
An eine ernsthafte politische Auseinandersetzung war fortan nicht mehr zu denken
Στο εξής, ένας σοβαρός πολιτικός ανταγωνισμός ήταν εντελώς εκτός συζήτησης
Alles, was möglich blieb, war eine literarische Schlacht, keine wirkliche Schlacht
Το μόνο που απέμενε δυνατό ήταν μια λογοτεχνική μάχη, όχι μια πραγματική μάχη
Aber auch auf dem Gebiet der Literatur waren die alten Schreie der Restaurationszeit unmöglich geworden
Αλλά ακόμη και στον τομέα της λογοτεχνίας οι παλιές κραυγές της περιόδου αποκατάστασης είχαν καταστεί αδύνατες

Um Sympathie zu erregen, mußte die Aristokratie offenbar
ihre eigenen Interessen aus den Augen verlieren

Προκειμένου να προκαλέσει συμπάθεια, η αριστοκρατία
ήταν υποχρεωμένη να χάσει από τα μάτια της, προφανώς,
τα δικά της συμφέροντα

und sie waren gezwungen, ihre Anklage gegen die
Bourgeoisie im Interesse der ausgebeuteten Arbeiterklasse
zu formulieren

και ήταν υποχρεωμένοι να διατυπώσουν το κατηγορητήριό
τους ενάντια στην αστική τάξη προς το συμφέρον της
εκμεταλλευόμενης εργατικής τάξης

So rächte sich die Aristokratie, indem sie ihren neuen Herrn
verspottete

Έτσι, η αριστοκρατία πήρε την εκδίκησή της τραγουδώντας
λαμπιόνια στο νέο αφέντη της

Und sie rächten sich, indem sie ihm unheimliche
Prophezeiungen über die kommende Katastrophe ins Ohr
flüsterten

Και πήραν την εκδίκησή τους ψιθυρίζοντας στα αυτιά του
μοχθηρές προφητείες για επερχόμενη καταστροφή

So entstand der feudale Sozialismus: halb Klage, halb Spott

Με αυτόν τον τρόπο προέκυψε ο φεουδαρχικός
σοσιαλισμός: μισός θρήνος, μισός λαμπούνος

Es klang halb wie ein Echo der Vergangenheit und
projizierte halb die Bedrohung der Zukunft

Χτυπούσε σαν μισή ηχώ του παρελθόντος και πρόβαλλε
μισή απειλή του μέλλοντος

zuweilen traf sie durch ihre bittere, geistreiche und scharfe
Kritik die Bourgeoisie bis ins Mark

Μερικές φορές, με την πικρή, πνευματώδη και διεισδυτική
κριτική του, χτύπησε την αστική τάξη στον πυρήνα της
καρδιάς

aber es war immer lächerlich in seiner Wirkung, weil es
völlig unfähig war, den Gang der neueren Geschichte zu
begreifen

Αλλά ήταν πάντα γελοίο στην επίδρασή του, λόγω της πλήρους ανικανότητας κατανόησης της πορείας της σύγχρονης ιστορίας

Die Aristokratie schwenkte, um das Volk um sich zu scharen, den proletarischen Almosensack als Banner

Η αριστοκρατία, για να συσπειρώσει το λαό κοντά της, κυμάτιζε μπροστά της την προλεταριακή τσάντα ελεημοσύνης για ένα πανό

Aber das Volk, so oft es sich zu ihnen gesellte, sah auf seinem Hinterteil die alten Feudalwappen

Αλλά ο λαός, τόσο συχνά όσο ενωνόταν μαζί τους, έβλεπε στα οπίσθιά του τα παλιά φεουδαρχικά οικόσημα

Und sie verließen mit lautem und respektlosem Gelächter

Και εγκατέλειψαν με δυνατά και ασεβή γέλια

Ein Teil der französischen Legitimisten und des "jungen Englands" zeigte dieses Schauspiel

Ένα τμήμα των Γάλλων Νομιμόφρονων και της «Νεαρής Αγγλίας» παρουσίασε αυτό το θέαμα

die Feudalisten wiesen darauf hin, dass ihre Ausbeutungsweise eine andere sei als die der Bourgeoisie

Οι φεουδάρχες επεσήμαναν ότι ο τρόπος εκμετάλλευσής τους ήταν διαφορετικός από αυτόν της αστικής τάξης

Die Feudalisten vergessen, dass sie unter ganz anderen Umständen und Bedingungen ausgebeutet haben

Οι φεουδάρχες ξεχνούν ότι εκμεταλλεύτηκαν κάτω από συνθήκες και συνθήκες που ήταν εντελώς διαφορετικές

Und sie haben nicht bemerkt, dass solche Methoden der Ausbeutung heute veraltet sind

Και δεν παρατήρησαν ότι τέτοιες μέθοδοι εκμετάλλευσης είναι πλέον απαρχαιωμένες

Sie zeigten, dass unter ihrer Herrschaft das moderne Proletariat nie existiert hat

Έδειξαν ότι, κάτω από την κυριαρχία τους, το σύγχρονο προλεταριάτο δεν υπήρξε ποτέ

aber sie vergessen, daß die moderne Bourgeoisie der notwendige Sprößling ihrer eigenen Gesellschaftsform ist

αλλά ξεχνούν ότι η σύγχρονη αστική τάξη είναι το
αναγκαίο τέκνο της δικής τους μορφής κοινωνίας
**Im übrigen verbergen sie kaum den reaktionären Charakter
ihrer Kritik**
Κατά τα λοιπά, δύσκολα κρύβουν τον αντιδραστικό
χαρακτήρα της κριτικής τους
**ihre Hauptanklage gegen die Bourgeoisie läuft auf
folgendes hinaus**
Η κύρια κατηγορία τους ενάντια στην αστική τάξη είναι η
ακόλουθη:
**unter dem Boureoisie Regime entwickelt sich eine soziale
Klasse**
Κάτω από το αστικό καθεστώς αναπτύσσεται μια
κοινωνική τάξη
**Diese soziale Klasse ist dazu bestimmt, die alte
Gesellschaftsordnung an der Wurzel zu zerschneiden**
Αυτή η κοινωνική τάξη προορίζεται να ριζώσει και να
κλαδέψει την παλιά τάξη της κοινωνίας
**Womit sie die Bourgeoisie aufpeppen, ist nicht so sehr, dass
sie ein Proletariat schafft**
Αυτό με το οποίο επιπλήττουν την αστική τάξη δεν είναι
τόσο ότι δημιουργεί ένα προλεταριάτο
**womit sie die Bourgeoisie aufpeppen, ist mehr, dass sie ein
revolutionäres Proletariat schafft**
Αυτό με το οποίο επιπλήττουν την αστική τάξη είναι
περισσότερο ότι δημιουργεί ένα επαναστατικό
προλεταριάτο
**In der politischen Praxis beteiligen sie sich daher an allen
Zwangsmaßnahmen gegen die Arbeiterklasse**
Στην πολιτική πρακτική, επομένως, συμμετέχουν σε όλα
τα καταναγκαστικά μέτρα ενάντια στην εργατική τάξη
**Und im gewöhnlichen Leben bücken sie sich, trotz ihrer
hochtrabenden Phrasen, um die goldenen Äpfel
aufzuheben, die vom Baum der Industrie fallen gelassen
wurden**

Και στη συνηθισμένη ζωή, παρά τις φράσεις highfalutin, σκύβουν για να πάρουν τα χρυσά μήλα που έπεσαν από το δέντρο της βιομηχανίας

Und sie tauschen Wahrheit, Liebe und Ehre gegen den Handel mit Wolle, Rote-Bete-Zucker und Kartoffelbränden

Και ανταλλάσσουν την αλήθεια, την αγάπη και την τιμή με το εμπόριο μαλλιού, ζάχαρης παντζαριών και αποσταγμάτων πατάτας

Wie der Pfarrer immer Hand in Hand mit dem Gutsherrn gegangen ist, so ist es der klerikale Sozialismus mit dem feudalen Sozialismus getan

Όπως ο εφημέριος πήγαινε πάντα χέρι-χέρι με τον γαιοκτήμονα, έτσι και ο κληρικός σοσιαλισμός με τον φεουδαρχικό σοσιαλισμό

Nichts ist leichter, als der christlichen Askese einen sozialistischen Anstrich zu geben

Τίποτα δεν είναι ευκολότερο από το να δώσουμε στον χριστιανικό ασκητισμό μια σοσιαλιστική χροιά

Hat nicht das Christentum gegen das Privateigentum, gegen die Ehe, gegen den Staat deklamiert?

Δεν έχει διακηρύξει ο Χριστιανισμός ενάντια στην ατομική ιδιοκτησία, ενάντια στο γάμο, ενάντια στο κράτος;

Hat das Christentum nicht an die Stelle dieser Nächstenliebe und Armut getreten?

Δεν κήρυξε ο Χριστιανισμός στη θέση αυτών, της φιλανθρωπίας και της φτώχειας;

Predigt das Christentum nicht den Zölibat und die Abtötung des Fleisches, das monastische Leben und die Mutter Kirche?

Δεν κηρύττει ο Χριστιανισμός την αγαμία και την ταπείνωση της σάρκας, τη μοναστική ζωή και τη Μητέρα Εκκλησία;

Der christliche Sozialismus ist nur das Weihwasser, mit dem der Priester das Herzbrennen des Aristokraten weiht

Ο χριστιανικός σοσιαλισμός δεν είναι παρά το αγίασμα με το οποίο ο ιερέας καθαγιάζει τις καύσεις της καρδιάς του αριστοκράτη

b) Kleinbürgerlicher Sozialismus
β) Μικροαστικός σοσιαλισμός

Die feudale Aristokratie war nicht die einzige Klasse, die von der Bourgeoisie ruiniert wurde
Η φεουδαρχική αριστοκρατία δεν ήταν η μόνη τάξη που καταστράφηκε από την αστική τάξη
sie war nicht die einzige Klasse, deren Existenzbedingungen in der Atmosphäre der modernen Bourgeoisie Gesellschaft schmachten und zugrunde gingen
Δεν ήταν η μόνη τάξη της οποίας οι συνθήκες ύπαρξης καθηλώθηκαν και χάθηκαν στην ατμόσφαιρα της σύγχρονης αστικής κοινωνίας
Die mittelalterliche Bürgerschaft und die kleinbäuerlichen Eigentümer waren die Vorläufer des modernen Bourgeoisie
Οι μεσαιωνικοί αστοί και οι μικροί αγρότες ιδιοκτήτες ήταν οι πρόδρομοι της σύγχρονης αστικής τάξης
In den Ländern, die industriell und kommerziell nur wenig entwickelt sind, vegetieren diese beiden Klassen noch Seite an Seite
Στις χώρες που είναι ελάχιστα ανεπτυγμένες, βιομηχανικά και εμπορικά, αυτές οι δύο τάξεις εξακολουθούν να φυτοζωούν δίπλα-δίπλα
und in der Zwischenzeit erhebt sich die Bourgeoisie neben ihnen: industriell, kommerziell und politisch
Και εν τω μεταξύ η αστική τάξη ξεσηκώνεται δίπλα τους: βιομηχανικά, εμπορικά και πολιτικά
In den Ländern, in denen die moderne Zivilisation voll entwickelt ist, hat sich eine neue Klasse des Kleinbourgeoisie gebildet

Σε χώρες όπου ο σύγχρονος πολιτισμός έχει αναπτυχθεί πλήρως, έχει σχηματιστεί μια νέα τάξη μικροαστικής τάξης
diese neue soziale Klasse schwankt zwischen Proletariat und Bourgeoisie
Αυτή η νέα κοινωνική τάξη κυμαίνεται ανάμεσα στο προλεταριάτο και την αστική τάξη
und sie erneuert sich ständig als ergänzender Teil der Bourgeoisie Gesellschaft
και ανανεώνεται συνεχώς ως συμπληρωματικό τμήμα της αστικής κοινωνίας
Die einzelnen Glieder dieser Klasse aber werden fortwährend in das Proletariat hinabgeschleudert
Τα μεμονωμένα μέλη αυτής της τάξης, ωστόσο, ρίχνονται συνεχώς κάτω στο προλεταριάτο
sie werden vom Proletariat durch die Einwirkung der Konkurrenz aufgesaugt
Απορροφώνται από το προλεταριάτο μέσω της δράσης του ανταγωνισμού
In dem Maße, wie sich die moderne Industrie entwickelt, sehen sie sogar den Augenblick herannahen, in dem sie als eigenständiger Teil der modernen Gesellschaft völlig verschwinden wird
Καθώς αναπτύσσεται η σύγχρονη βιομηχανία, βλέπουν ακόμη και τη στιγμή που πλησιάζει όταν θα εξαφανιστούν εντελώς ως ανεξάρτητο τμήμα της σύγχρονης κοινωνίας
Sie werden in der Manufaktur, in der Landwirtschaft und im Handel durch Aufseher, Gerichtsvollzieher und Krämer ersetzt werden
Θα αντικατασταθούν, στη βιομηχανία, τη γεωργία και το εμπόριο, από επιβλέποντες, δικαστικούς επιμελητές και καταστηματάρχες
In Ländern wie Frankreich, wo die Bauern weit mehr als die Hälfte der Bevölkerung ausmachen
Σε χώρες όπως η Γαλλία, όπου οι αγρότες αποτελούν πολύ περισσότερο από το ήμισυ του πληθυσμού

**es war natürlich, dass es Schriftsteller gab, die sich auf die
Seite des Proletariats gegen die Bourgeoisie stellten**

Ήταν φυσικό να υπάρχουν συγγραφείς που τάχθηκαν με
το μέρος του προλεταριάτου ενάντια στην αστική τάξη

**in ihrer Kritik am Bourgeoisie Regime benutzten sie den
Maßstab des Bauern- und Kleinbourgeoisie**

Στην κριτική τους για το καθεστώς της αστικής τάξης
χρησιμοποίησαν το πρότυπο της αγροτικής και
μικροαστικής τάξης

**Und vom Standpunkt dieser Zwischenklassen aus ergreifen
sie die Keule für die Arbeiterklasse**

Και από τη σκοπιά αυτών των ενδιάμεσων τάξεων
παίρνουν τα χάδια για την εργατική τάξη

**So entstand der Kleinbourgeoisie Sozialismus, dessen
Haupt Sismondi nicht nur in Frankreich, sondern auch in
England war**

Έτσι προέκυψε ο μικροαστικός σοσιαλισμός, του οποίου ο
Sismondi ήταν επικεφαλής αυτής της σχολής, όχι μόνο στη
Γαλλία αλλά και στην Αγγλία

**Diese Schule des Sozialismus sezierte mit großer Schärfe die
Widersprüche in den Bedingungen der modernen
Produktion**

Αυτή η σχολή του σοσιαλισμού ανέλυσε με μεγάλη
οξύτητα τις αντιφάσεις στις συνθήκες της σύγχρονης
παραγωγής

**Diese Schule entlarvte die heuchlerischen
Entschuldigungen der Ökonomen**

Αυτή η σχολή αποκάλυψε τις υποκριτικές απολογίες των
οικονομολόγων

**Diese Schule bewies unwiderlegbar die verheerenden
Auswirkungen der Maschinerie und der Arbeitsteilung**

Αυτό το σχολείο απέδειξε, αναμφισβήτητα, τις
καταστροφικές συνέπειες των μηχανών και του
καταμερισμού της εργασίας

**Es bewies die Konzentration von Kapital und Grund und
Boden in wenigen Händen**

Απέδειξε τη συγκέντρωση κεφαλαίου και γης σε λίγα χέρια

sie bewies, wie Überproduktion zu Bourgeoisie-Krisen führt

απέδειξε πώς η υπερπαραγωγή οδηγεί σε κρίσεις της αστικής τάξης

sie wies auf den unvermeidlichen Ruin des Kleinbourgeoisie' und der Bauern hin

Τόνιζε την αναπόφευκτη καταστροφή της μικροαστικής τάξης και του αγρότη

das Elend des Proletariats, die Anarchie in der Produktion, die schreiende Ungleichheit in der Verteilung des Reichtums

Η δυστυχία του προλεταριάτου, η αναρχία στην παραγωγή, οι κραυγαλέες ανισότητες στην κατανομή του πλούτου

Er zeigte, wie das Produktionssystem den industriellen Vernichtungskrieg zwischen den Nationen führt

Έδειξε πώς το σύστημα παραγωγής οδηγεί τον βιομηχανικό πόλεμο εξόντωσης μεταξύ των εθνών

die Auflösung der alten sittlichen Bande, der alten Familienverhältnisse, der alten Nationalitäten

τη διάλυση των παλαιών ηθικών δεσμών, των παλαιών οικογενειακών σχέσεων, των παλαιών εθνοτήτων

In ihren positiven Zielen strebt diese Form des Sozialismus jedoch eines von zwei Dingen an

Στους θετικούς στόχους της, όμως, αυτή η μορφή σοσιαλισμού φιλοδοξεί να επιτύχει ένα από τα δύο πράγματα

Entweder zielt sie darauf ab, die alten Produktions- und Tauschmittel wiederherzustellen

είτε στοχεύει στην αποκατάσταση των παλιών μέσων παραγωγής και ανταλλαγής

und mit den alten Produktionsmitteln würde sie die alten Eigentumsverhältnisse und die alte Gesellschaft wiederherstellen

Και με τα παλιά μέσα παραγωγής θα αποκαθιστούσε τις παλιές σχέσεις ιδιοκτησίας και την παλιά κοινωνία

oder sie zielt darauf ab, die modernen Produktions- und Austauschmittel in den alten Rahmen der Eigentumsverhältnisse zu zwängen

ή στοχεύει να περιορίσει τα σύγχρονα μέσα παραγωγής και ανταλλαγής στο παλιό πλαίσιο των σχέσεων ιδιοκτησίας

In beiden Fällen ist es sowohl reaktionär als auch utopisch

Και στις δύο περιπτώσεις, είναι τόσο αντιδραστικό όσο και ουτοπικό

Seine letzten Worte lauten: Korporativzünfte für die Manufaktur, patriarchalische Verhältnisse in der Landwirtschaft

Οι τελευταίες λέξεις του είναι: εταιρικές συντεχνίες για τη βιομηχανία, πατριαρχικές σχέσεις στη γεωργία

Schließlich, als hartnäckige historische Tatsachen alle berauschenden Wirkungen der Selbsttäuschung zerstreut hatten,

Τελικά, όταν τα επίμονα ιστορικά γεγονότα είχαν διασκορπίσει όλες τις μεθυστικές επιπτώσεις της αυταπάτης.

diese Form des Sozialismus endete in einem elenden Anfall von Mitleid

Αυτή η μορφή σοσιαλισμού κατέληξε σε μια άθλια κρίση οίκτου

c) Deutscher oder "wahrer" Sozialismus
γ) Γερμανικός ή «αληθινός» σοσιαλισμός

Die sozialistische und kommunistische Literatur Frankreichs entstand unter dem Druck einer herrschenden Bourgeoisie

Η σοσιαλιστική και κομμουνιστική λογοτεχνία της Γαλλίας προήλθε κάτω από την πίεση μιας αστικής τάξης στην εξουσία

Und diese Literatur war der Ausdruck des Kampfes gegen diese Macht

Και αυτή η λογοτεχνία ήταν η έκφραση του αγώνα ενάντια σε αυτή την εξουσία

sie wurde in Deutschland zu einer Zeit eingeführt, als die Bourgeoisie gerade ihren Kampf mit dem feudalen Absolutismus begonnen hatte

εισήχθη στη Γερμανία σε μια εποχή που η αστική τάξη είχε μόλις αρχίσει τον ανταγωνισμό της με τη φεουδαρχική απολυταρχία

Deutsche Philosophen, Möchtegern-Philosophen und Beaux Esprits griffen begierig zu dieser Literatur

Γερμανοί φιλόσοφοι, επίδοξοι φιλόσοφοι και beaux esprits, άρπαξαν με ανυπομονησία αυτή τη λογοτεχνία

aber sie vergaßen, daß die Schriften aus Frankreich nach Deutschland einwanderten, ohne die französischen Gesellschaftsverhältnisse mitzubringen

αλλά ξέχασαν ότι τα γραπτά μετανάστευσαν από τη Γαλλία στη Γερμανία χωρίς να φέρουν μαζί τους τις γαλλικές κοινωνικές συνθήκες

Im Kontakt mit den deutschen gesellschaftlichen Verhältnissen verlor diese französische Literatur ihre unmittelbare praktische Bedeutung

Σε επαφή με τις γερμανικές κοινωνικές συνθήκες, αυτή η γαλλική λογοτεχνία έχασε όλη την άμεση πρακτική της σημασία

und die kommunistische Literatur Frankreichs nahm in deutschen akademischen Kreisen einen rein literarischen Aspekt an

και η κομμουνιστική λογοτεχνία της Γαλλίας πήρε μια καθαρά λογοτεχνική πτυχή στους γερμανικούς ακαδημαϊκούς κύκλους

So waren die Forderungen der ersten Französischen Revolution nichts anderes als die Forderungen der "praktischen Vernunft"

Έτσι, τα αιτήματα της πρώτης Γαλλικής Επανάστασης δεν ήταν τίποτα περισσότερο από τα αιτήματα του «Πρακτικού Λόγου»

und die Willensäußerung der revolutionären französischen Bourgeoisie bedeutete in ihren Augen das Gesetz des reinen Willens

Και η έκφραση της θέλησης της επαναστατικής γαλλικής μπουρζουαζίας σήμαινε στα μάτια τους το νόμο της καθαρής θέλησης

es bedeutete den Willen, wie er sein mußte; des wahren menschlichen Willens überhaupt

Σήμαινε τη Θέληση όπως ήταν επόμενο να είναι. της αληθινής ανθρώπινης Θέλησης γενικά

Die Welt der deutschen Literaten bestand einzig und allein darin, die neuen französischen Ideen mit ihrem alten philosophischen Gewissen in Einklang zu bringen

Ο κόσμος των Γερμανών λογοτεχνών συνίστατο αποκλειστικά στο να φέρει τις νέες γαλλικές ιδέες σε αρμονία με την αρχαία φιλοσοφική τους συνείδηση

oder vielmehr, sie annektierten die französischen Ideen, ohne ihren eigenen philosophischen Standpunkt aufzugeben

ή μάλλον, προσάρτησαν τις γαλλικές ιδέες χωρίς να εγκαταλείψουν τη δική τους φιλοσοφική άποψη

Diese Annexion vollzog sich auf die gleiche Weise, wie man sich eine Fremdsprache aneignet, nämlich durch Übersetzung

Αυτή η προσάρτηση πραγματοποιήθηκε με τον ίδιο τρόπο με τον οποίο οικειοποιείται μια ξένη γλώσσα, δηλαδή με μετάφραση

Es ist bekannt, wie die Mönche alberne Leben katholischer Heiliger über Manuskripte schrieben

Είναι γνωστό πώς οι μοναχοί έγραψαν ανόητους βίους καθολικών αγίων πάνω από χειρόγραφα

die Manuskripte, auf denen die klassischen Werke des antiken Heidentums geschrieben waren

Τα χειρόγραφα πάνω στα οποία είχαν γραφτεί τα κλασικά έργα του αρχαίου ειδωλολατρικού κόσμου

Die deutschen Literaten kehrten diesen Prozess mit der profanen französischen Literatur um

Οι Γερμανοί λογοτέχνες αντέστρεψαν αυτή τη διαδικασία με τη βέβηλη γαλλική λογοτεχνία

Sie schrieben ihren philosophischen Unsinn unter das französische Original

Έγραψαν τις φιλοσοφικές ανοησίες τους κάτω από το γαλλικό πρωτότυπο

Zum Beispiel schrieben sie unter der französischen Kritik an den ökonomischen Funktionen des Geldes "Entfremdung der Menschheit"

Για παράδειγμα, κάτω από τη γαλλική κριτική για τις οικονομικές λειτουργίες του χρήματος, έγραψαν την «Αλλοτρίωση της Ανθρωπότητας»

unter die französische Kritik am Bourgeoisie Staat schrieben sie "Entthronung der Kategorie des Generals"

Κάτω από τη γαλλική κριτική στο αστικό κράτος έγραψαν «εκθρόνιση της κατηγορίας του στρατηγού»

Die Einführung dieser philosophischen Phrasen hinter der französischen Geschichtskritik nannten sie:

Η εισαγωγή αυτών των φιλοσοφικών φράσεων στο πίσω μέρος των γαλλικών ιστορικών κριτικών που ονόμασαν:

"Philosophie des Handelns", "Wahrer Sozialismus", "Deutsche Sozialismuswissenschaft", "Philosophische Grundlagen des Sozialismus" und so weiter

«Φιλοσοφία της Δράσης», «Αληθινός Σοσιαλισμός», «Γερμανική Επιστήμη του Σοσιαλισμού», «Φιλοσοφικό Θεμέλιο του Σοσιαλισμού» και ούτω καθεξής

Die französische sozialistische und kommunistische Literatur wurde damit völlig entmannt

Η γαλλική σοσιαλιστική και κομμουνιστική λογοτεχνία ήταν έτσι εντελώς ευνουχισμένη

in den Händen der deutschen Philosophen hörte sie auf, den Kampf der einen Klasse mit der anderen auszudrücken

στα χέρια των Γερμανών φιλοσόφων έπαψε να εκφράζει την πάλη της μιας τάξης με την άλλη

und so fühlten sich die deutschen Philosophen bewußt, die "französische Einseitigkeit" überwunden zu haben

και έτσι οι Γερμανοί φιλόσοφοι αισθάνθηκαν συνειδητά ότι είχαν ξεπεράσει τη «γαλλική μονομέρεια»

Sie musste keine wahren Forderungen repräsentieren, sondern sie repräsentierte Forderungen der Wahrheit

Δεν έπρεπε να αντιπροσωπεύει αληθινές απαιτήσεις, αλλά αντιπροσώπευε απαιτήσεις αλήθειας

es gab kein Interesse am Proletariat, sondern an der menschlichen Natur

δεν υπήρχε ενδιαφέρον για το προλεταριάτο, μάλλον, υπήρχε ενδιαφέρον για την ανθρώπινη φύση

das Interesse galt dem Menschen überhaupt, der keiner Klasse angehört und keine Wirklichkeit hat

Το ενδιαφέρον ήταν για τον Άνθρωπο γενικά, ο οποίος δεν ανήκει σε καμία τάξη και δεν έχει καμία πραγματικότητα

ein Mann, der nur im nebligen Reich der philosophischen Fantasie existiert

Ένας άνθρωπος που υπάρχει μόνο στην ομιχλώδη σφαίρα της φιλοσοφικής φαντασίας

aber schließlich verlor auch dieser deutsche Schulsozialismus seine pedantische Unschuld

αλλά τελικά αυτός ο μαθητής, ο γερμανικός σοσιαλισμός, έχασε επίσης την σχολαστική αθωότητά του

die deutsche Bourgeoisie und besonders die preußische Bourgeoisie kämpfte gegen die feudale Aristokratie

Η γερμανική αστική τάξη, και ιδιαίτερα η πρωσική αστική τάξη, πολέμησαν ενάντια στη φεουδαρχική αριστοκρατία

auch die absolute Monarchie Deutschlands und Preußens wurde bekämpft

η απόλυτη μοναρχία της Γερμανίας και της Πρωσίας ήταν επίσης εναντίον

Und im Gegenzug wurde auch die Literatur der liberalen Bewegung ernster

Και με τη σειρά της, η λογοτεχνία του φιλελεύθερου κινήματος έγινε επίσης πιο σοβαρή

Deutschlands lang ersehnte Chance auf einen "wahren" Sozialismus wurde geboten

Προσφέρθηκε η πολυπόθητη ευκαιρία της Γερμανίας για «αληθινό» σοσιαλισμό

die Möglichkeit, die politische Bewegung mit den sozialistischen Forderungen zu konfrontieren

την ευκαιρία να αντιμετωπίσει το πολιτικό κίνημα με τα σοσιαλιστικά αιτήματα

die Gelegenheit, die traditionellen Bannsprüche gegen den Liberalismus zu schleudern

την ευκαιρία να εκσφενδονιστούν τα παραδοσιακά αναθέματα κατά του φιλελευθερισμού

die Möglichkeit, die repräsentative Regierung und die Bourgeoisie Konkurrenz anzugreifen

την ευκαιρία να επιτεθούν στην αντιπροσωπευτική κυβέρνηση και τον αστικό ανταγωνισμό

Pressefreiheit der Bourgeoisie, Bourgeoisie Gesetzgebung, Bourgeoisie Freiheit und Gleichheit

Αστική ελευθερία του τύπου, αστική νομοθεσία, αστική ελευθερία και ισότητα

All dies könnte nun in der realen Welt kritisiert werden, anstatt in der Fantasie

Όλα αυτά θα μπορούσαν τώρα να επικριθούν στον πραγματικό κόσμο, παρά στη φαντασία

Feudalaristokratie und absolute Monarchie hatten den
Massen lange gepredigt

Η φεουδαρχική αριστοκρατία και η απόλυτη μοναρχία
είχαν από καιρό κηρύξει στις μάζες

"Der Arbeiter hat nichts zu verlieren und er hat alles zu
gewinnen"

«Ο εργαζόμενος δεν έχει τίποτα να χάσει και έχει τα πάντα
να κερδίσει»

auch die Bourgeoisie bewegung bot eine Chance, sich mit
diesen Plattitüden auseinanderzusetzen

Το κίνημα της αστικής τάξης πρόσφερε επίσης την
ευκαιρία να αντιμετωπίσει αυτές τις κοινοτοπίες

die französische Kritik setzte die Existenz der modernen
Bourgeoisie Gesellschaft voraus

Η γαλλική κριτική προϋπέθετε την ύπαρξη της σύγχρονης
αστικής κοινωνίας

Bourgeoisie, ökonomische Existenzbedingungen und
Bourgeoisie politische Verfassung

Αστικές οικονομικές συνθήκες ύπαρξης και πολιτική
συγκρότηση της αστικής τάξης

gerade die Dinge, deren Errungenschaft Gegenstand des in
Deutschland anstehenden Kampfes war

τα ίδια τα πράγματα των οποίων η επίτευξη ήταν το
αντικείμενο του εκκρεμούς αγώνα στη Γερμανία

Deutschlands albernes Echo des Sozialismus hat diese Ziele
gerade noch rechtzeitig aufgegeben

Η ανόητη ηχώ του σοσιαλισμού της Γερμανίας εγκατέλειψε
αυτούς τους στόχους ακριβώς στην αρχή του χρόνου

Die absoluten Regierungen hatten ihre Gefolgschaft aus
Pfarrern, Professoren, Landjunkern und Beamten

Οι απόλυτες κυβερνήσεις είχαν τους οπαδούς τους από
εφημέριους, καθηγητές, σκίουρους της χώρας και
αξιωματούχους

die damalige Regierung begegnete den deutschen
Arbeiteraufständen mit Auspeitschungen und Kugeln

Η τότε κυβέρνηση αντιμετώπισε τις εξεγέρσεις της γερμανικής εργατικής τάξης με μαστιγώματα και σφαίρες
ihnen diente dieser Sozialismus als willkommene Vogelscheuche gegen die drohende Bourgeoisie
Γι' αυτούς αυτός ο σοσιαλισμός χρησίμευε σαν ένα ευπρόσδεκτο σκιάχτρο ενάντια στην απειλητική αστική τάξη
und die deutsche Regierung konnte nach den bitteren Pillen, die sie austeilte, ein süßes Dessert anbieten
και η γερμανική κυβέρνηση ήταν σε θέση να προσφέρει ένα γλυκό επιδόρπιο μετά τα πικρά χάπια που μοίρασε
dieser "wahre" Sozialismus diente also den Regierungen als Waffe im Kampf gegen die deutsche Bourgeoisie
Αυτός ο «αληθινός» σοσιαλισμός χρησίμευσε έτσι στις κυβερνήσεις ως όπλο για την καταπολέμηση της γερμανικής αστικής τάξης
und gleichzeitig repräsentierte sie direkt ein reaktionäres Interesse; die der deutschen Philister
και, ταυτόχρονα, αντιπροσώπευε άμεσα ένα αντιδραστικό συμφέρον. εκείνη των Γερμανών Φιλισταίων
In Deutschland ist das Kleinbourgeoisie die wirkliche gesellschaftliche Grundlage des bestehenden Zustandes
Στη Γερμανία η μικροαστική τάξη είναι η πραγματική κοινωνική βάση της υπάρχουσας κατάστασης πραγμάτων
Ein Relikt des sechzehnten Jahrhunderts, das immer wieder in verschiedenen Formen auftaucht
Ένα λείψανο του δέκατου έκτου αιώνα που συνεχώς εμφανίζεται με διάφορες μορφές
Diese Klasse zu bewahren bedeutet, den bestehenden Zustand in Deutschland zu bewahren
Η διατήρηση αυτής της τάξης σημαίνει διατήρηση της υπάρχουσας κατάστασης πραγμάτων στη Γερμανία
Die industrielle und politische Vorherrschaft der Bourgeoisie bedroht das KleinBourgeoisie mit der sicheren Vernichtung

Η βιομηχανική και πολιτική υπεροχή της αστικής τάξης απειλεί τη μικροαστική τάξη με βέβαιη καταστροφή

auf der einen Seite droht sie das Kleinbourgeoisiedurch die Konzentration des Kapitals zu vernichten

από τη μια πλευρά, απειλεί να καταστρέψει τη μικροαστική τάξη μέσω της συγκέντρωσης κεφαλαίου

auf der anderen Seite droht die Bourgeoisie, sie durch den Aufstieg eines revolutionären Proletariats zu zerstören

Από την άλλη πλευρά, η αστική τάξη απειλεί να την καταστρέψει μέσω της ανόδου ενός επαναστατικού προλεταριάτου

Der "wahre" Sozialismus schien diese beiden Fliegen mit einer Klappe zu schlagen. Es breitete sich wie eine Epidemie aus

Ο «αληθινός» σοσιαλισμός φάνηκε να σκοτώνει αυτά τα δύο πουλιά με ένα σμπάρο. Εξαπλώθηκε σαν επιδημία

Das Gewand spekulativer Spinnweben, bestickt mit Blumen der Rhetorik, durchtränkt vom Tau kränklicher Gefühle

Ο χιτώνας των κερδοσκοπικών ιστών αράχνης, κεντημένος με λουλούδια ρητορικής, βουτηγμένος στη δροσιά του ασθενικού συναισθήματος

dieses transzendentale Gewand, in das die deutschen Sozialisten ihre traurigen "ewigen Wahrheiten" hüllten

Αυτός ο υπερβατικός χιτώνας με τον οποίο οι Γερμανοί σοσιαλιστές τύλιξαν τις θλιβερές «αιώνιες αλήθειες» τους

alle Haut und Knochen, dienten dazu, den Absatz ihrer Waren bei einem solchen Publikum wunderbar zu vermehren.

όλο το δέρμα και τα οστά, χρησίμευαν για να αυξήσουν θαυμάσια την πώληση των αγαθών τους μεταξύ ενός τέτοιου κοινού

Und der deutsche Sozialismus seinerseits erkannte mehr und mehr seine eigene Berufung

Και από την πλευρά του, ο γερμανικός σοσιαλισμός αναγνώριζε, όλο και περισσότερο, το δικό του κάλεσμα

sie war berufen, die bombastische Vertreterin des
Kleinbourgeoisie Philisters zu sein
κλήθηκε να είναι ο πομπώδης εκπρόσωπος των
μικροαστών φιλισταίων
Sie proklamierte die deutsche Nation als Musternation und
den deutschen Kleinphilister als Mustermann
Ανακήρυξε το γερμανικό έθνος πρότυπο έθνος και τον
γερμανό μικροφιλισταίο πρότυπο ανθρώπου
Jeder schurkischen Gemeinheit dieses Mustermenschen gab
sie eine verborgene, höhere, sozialistische Deutung
Σε κάθε μοχθηρή κακία αυτού του υποδειγματικού
ανθρώπου έδινε μια κρυφή, υψηλότερη, σοσιαλιστική
ερμηνεία
diese höhere, sozialistische Deutung war das genaue
Gegenteil ihres wirklichen Charakters
Αυτή η ανώτερη, σοσιαλιστική ερμηνεία ήταν ακριβώς
αντίθετη από τον πραγματικό της χαρακτήρα
Sie ging so weit, sich der "brutal destruktiven" Tendenz des
Kommunismus direkt entgegenzustellen
Έφτασε στο ακραίο σημείο της άμεσης αντίθεσης στην
«βάναυσα καταστροφική» τάση του κομμουνισμού
und sie proklamierte ihre höchste und unparteiische
Verachtung aller Klassenkämpfe
Και διακήρυξε την υπέρτατη και αμερόληπτη περιφρόνησή
του για όλους τους ταξικούς αγώνες
Mit sehr wenigen Ausnahmen gehören alle sogenannten
sozialistischen und kommunistischen Publikationen, die
jetzt (1847) in Deutschland zirkulieren, in den Bereich dieser
üblen und entnervenden Literatur
Με ελάχιστες εξαιρέσεις, όλες οι λεγόμενες σοσιαλιστικές
και κομμουνιστικές εκδόσεις που κυκλοφορούν τώρα (1847)
στη Γερμανία ανήκουν στη σφαίρα αυτής της βρώμικης και
εξασθενητικής λογοτεχνίας

2) Konservativer Sozialismus oder bürgerlicher Sozialismus
2) Συντηρητικός σοσιαλισμός ή αστικός σοσιαλισμός

Ein Teil der Bourgeoisie will soziale Missstände beseitigen
Ένα μέρος της αστικής τάξης επιθυμεί την αποκατάσταση
των κοινωνικών αδικιών
um den Fortbestand der Bourgeoisie Gesellschaft zu sichern
προκειμένου να εξασφαλιστεί η συνέχιση της ύπαρξης της
αστικής κοινωνίας
**Zu dieser Sektion gehören Ökonomen, Philanthropen,
Menschenfreunde**
Σε αυτό το τμήμα ανήκουν οικονομολόγοι, φιλάνθρωποι,
ανθρωπιστές
**Verbesserer der Lage der Arbeiterklasse und Organisatoren
der Wohltätigkeit**
Βελτιωτές της κατάστασης της εργατικής τάξης και
οργανωτές φιλανθρωπίας
**Mitglieder von Gesellschaften zur Verhütung von
Tierquälerei**
Μέλη Σωματείων κατά της Κακοποίησης των Ζώων
**Mäßigkeitsfanatiker, Loch-und-Ecken-Reformer aller
erdenklichen Art**
Φανατικοί της εγκράτειας, αναμορφωτές κάθε είδους που
μπορεί να φανταστεί κανείς
**Diese Form des Sozialismus ist überdies zu vollständigen
Systemen ausgearbeitet worden**
Αυτή η μορφή σοσιαλισμού έχει, επιπλέον, επεξεργαστεί
σε ολοκληρωμένα συστήματα
**Als Beispiel für diese Form sei Proudhons "Philosophie de
la Misère" angeführt**
Μπορούμε να αναφέρουμε τη «Φιλοσοφία της Μιζέρ» του
Προυντόν ως παράδειγμα αυτής της μορφής
**Die sozialistische Bourgeoisie will alle Vorteile der
modernen gesellschaftlichen Verhältnisse**
Η σοσιαλιστική αστική τάξη θέλει όλα τα πλεονεκτήματα
των σύγχρονων κοινωνικών συνθηκών

aber die sozialistische Bourgeoisie will nicht unbedingt die daraus resultierenden Kämpfe und Gefahren

Αλλά η σοσιαλιστική αστική τάξη δεν θέλει απαραίτητα τους αγώνες και τους κινδύνους που προκύπτουν

Sie wollen den bestehenden Zustand der Gesellschaft, abzüglich ihrer revolutionären und zerfallenden Elemente

Επιθυμούν την υπάρχουσα κατάσταση της κοινωνίας, μείον τα επαναστατικά και αποσυντιθέμενα στοιχεία της

mit anderen Worten, sie wünschen sich eine Bourgeoisie ohne Proletariat

Με άλλα λόγια, επιθυμούν μια αστική τάξη χωρίς προλεταριάτο

Die Bourgeoisie begreift natürlich die Welt, in der sie die höchste ist, die Beste zu sein

Η αστική τάξη φυσικά αντιλαμβάνεται τον κόσμο στον οποίο είναι υπέρτατο να είσαι ο καλύτερος

und der Bourgeoisie Sozialismus entwickelt diese bequeme Auffassung zu verschiedenen mehr oder weniger vollständigen Systemen

Και ο αστικός σοσιαλισμός αναπτύσσει αυτή την άνετη αντίληψη σε διάφορα περισσότερο ή λιγότερο ολοκληρωμένα συστήματα

sie wünschen sich sehr, dass das Proletariat geradewegs in das soziale Neue Jerusalem marschiert

Θα ήθελαν πάρα πολύ το προλεταριάτο να βαδίσει κατευθείαν στην κοινωνική Νέα Ιερουσαλήμ

Aber in Wirklichkeit verlangt sie, dass das Proletariat innerhalb der Grenzen der bestehenden Gesellschaft bleibt

Αλλά στην πραγματικότητα απαιτεί από το προλεταριάτο να παραμείνει μέσα στα όρια της υπάρχουσας κοινωνίας

sie fordern das Proletariat auf, alle seine hasserfüllten Ideen über die Bourgeoisie abzulegen

Ζητούν από το προλεταριάτο να πετάξει μακριά όλες τις μισητές ιδέες του σχετικά με την αστική τάξη

es gibt eine zweite, praktischere, aber weniger systematische Form dieses Sozialismus

υπάρχει μια δεύτερη πιο πρακτική, αλλά λιγότερο συστηματική, μορφή αυτού του σοσιαλισμού

Diese Form des Sozialismus versuchte, jede revolutionäre Bewegung in den Augen der Arbeiterklasse abzuwerten

Αυτή η μορφή σοσιαλισμού επεδίωκε να απαξιώσει κάθε επαναστατικό κίνημα στα μάτια της εργατικής τάξης

Sie argumentieren, dass keine bloße politische Reform für sie von Vorteil sein könnte

Υποστηρίζουν ότι καμία απλή πολιτική μεταρρύθμιση δεν θα μπορούσε να τους ωφελήσει

nur eine Veränderung der materiellen Existenzbedingungen in den wirtschaftlichen Beziehungen ist von Nutzen

Μόνο μια αλλαγή στις υλικές συνθήκες ύπαρξης στις οικονομικές σχέσεις είναι επωφελής

Wie der Kommunismus tritt auch diese Form des Sozialismus für eine Veränderung der materiellen Existenzbedingungen ein

Όπως και ο κομμουνισμός, αυτή η μορφή σοσιαλισμού υποστηρίζει μια αλλαγή στις υλικές συνθήκες ύπαρξης

Diese Form des Sozialismus bedeutet jedoch keineswegs, dass die Bourgeoisie Produktionsverhältnisse abgeschafft werden

Ωστόσο, αυτή η μορφή σοσιαλισμού με κανένα τρόπο δεν υποδηλώνει την κατάργηση των αστικών σχέσεων παραγωγής

die Abschaffung der Bourgeoisie Produktionsverhältnisse kann nur durch eine Revolution erreicht werden

Η κατάργηση των αστικών σχέσεων παραγωγής μπορεί να επιτευχθεί μόνο μέσω μιας επανάστασης

Doch statt einer Revolution schlägt diese Form des Sozialismus Verwaltungsreformen vor

Αλλά αντί για επανάσταση, αυτή η μορφή σοσιαλισμού προτείνει διοικητικές μεταρρυθμίσεις

und diese Verwaltungsreformen würden auf dem Fortbestand dieser Beziehungen beruhen

Και αυτές οι διοικητικές μεταρρυθμίσεις θα βασίζονταν στη συνέχιση αυτών των σχέσεων

Reformen, die in keiner Weise die Beziehungen zwischen Kapital und Arbeit berühren

μεταρρυθμίσεις, επομένως, που δεν επηρεάζουν σε καμία περίπτωση τις σχέσεις μεταξύ κεφαλαίου και εργασίας

im besten Fall verringern solche Reformen die Kosten und vereinfachen die Verwaltungsarbeit der Bourgeoisie Regierung

Στην καλύτερη περίπτωση, τέτοιες μεταρρυθμίσεις μειώνουν το κόστος και απλοποιούν το διοικητικό έργο της αστικής κυβέρνησης

Der Bourgeoisie Sozialismus kommt dann und nur dann adäquat zum Ausdruck, wenn er zur bloßen Redewendung wird

Ο αστικός σοσιαλισμός αποκτά επαρκή έκφραση, όταν, και μόνο όταν, γίνεται ένα απλό σχήμα λόγου

Freihandel: zum Wohle der Arbeiterklasse

Ελεύθερο εμπόριο: προς όφελος της εργατικής τάξης

Schutzpflichten: zum Wohle der Arbeiterklasse

Προστατευτικά καθήκοντα: προς όφελος της εργατικής τάξης

Gefängnisreform: zum Wohle der Arbeiterklasse

Σωφρονιστική μεταρρύθμιση: προς όφελος της εργατικής τάξης

Das ist das letzte Wort und das einzig ernst gemeinte Wort des Bourgeoisie Sozialismus

Αυτή είναι η τελευταία λέξη και η μόνη σοβαρά εννοούμενη λέξη του αστικού σοσιαλισμού

Sie ist in dem Satz zusammengefasst: Die Bourgeoisie ist eine Bourgeoisie zum Wohle der Arbeiterklasse

Συνοψίζεται στη φράση: η αστική τάξη είναι αστική τάξη προς όφελος της εργατικής τάξης

3) Kritisch-utopischer Sozialismus und Kommunismus
3) Κριτικός-ουτοπικός σοσιαλισμός και κομμουνισμός

Wir beziehen uns hier nicht auf jene Literatur, die den Forderungen des Proletariats immer eine Stimme gegeben hat
Δεν αναφερόμαστε εδώ σε εκείνη τη φιλολογία που πάντα εξέφραζε τα αιτήματα του προλεταριάτου
dies war in jeder großen modernen Revolution vorhanden, wie z. B. in den Schriften von Babeuf und anderen
Αυτό ήταν παρόν σε κάθε μεγάλη σύγχρονη επανάσταση, όπως τα γραπτά του Μπαμπέφ και άλλων
Die ersten unmittelbaren Versuche des Proletariats, seine eigenen Ziele zu erreichen, scheiterten notwendigerweise
Οι πρώτες άμεσες προσπάθειες του προλεταριάτου να επιτύχει τους δικούς του σκοπούς αναγκαστικά απέτυχαν
Diese Versuche wurden in Zeiten allgemeiner Aufregung unternommen, als die feudale Gesellschaft gestürzt wurde
Αυτές οι προσπάθειες έγιναν σε περιόδους παγκόσμιου ενθουσιασμού, όταν ανατρεπόταν η φεουδαρχική κοινωνία
Der damals noch unterentwickelte Zustand des Proletariats führte zum Scheitern dieser Versuche
Η τότε υπανάπτυκτη κατάσταση του προλεταριάτου οδήγησε σε αυτές τις προσπάθειες να αποτύχουν
und sie scheiterten am Fehlen der wirtschaftlichen Voraussetzungen für ihre Emanzipation
και απέτυχαν λόγω της απουσίας των οικονομικών συνθηκών για τη χειραφέτησή του
Bedingungen, die erst noch geschaffen werden mussten und die durch die bevorstehende Epoche der Bourgeoisie allein hervorgebracht werden konnten
συνθήκες που δεν είχαν ακόμη παραχθεί και θα μπορούσαν να παραχθούν μόνο από την επικείμενη εποχή της αστικής τάξης

Die revolutionäre Literatur, die diese ersten Bewegungen des Proletariats begleitete, hatte notwendigerweise einen reaktionären Charakter

Η επαναστατική φιλολογία που συνόδευε αυτά τα πρώτα κινήματα του προλεταριάτου είχε αναγκαστικά αντιδραστικό χαρακτήρα

Diese Literatur schärfte universelle Askese und soziale Nivellierung in ihrer gröbsten Form ein

Αυτή η λογοτεχνία ενστάλαξε τον καθολικό ασκητισμό και την κοινωνική ισοπέδωση στην πιο ωμή μορφή της

Die sozialistischen und kommunistischen Systeme, die man eigentlich so nennt, entstehen in der frühen unentwickelten Periode

Τα σοσιαλιστικά και κομμουνιστικά συστήματα, όπως σωστά ονομάζονται, εμφανίζονται στην πρώιμη υπανάπτυκτη περίοδο

Saint-Simon, Fourier, Owen und andere beschrieben den Kampf zwischen Proletariat und Bourgeoisie (siehe Abschnitt 1)

Ο Saint-Simon, ο Fourier, ο Owen και άλλοι, περιέγραψαν την πάλη μεταξύ προλεταριάτου και αστικής τάξης (βλ. Τμήμα 1)

Die Begründer dieser Systeme sehen in der Tat die Klassengegensätze

Οι ιδρυτές αυτών των συστημάτων βλέπουν, πράγματι, τους ταξικούς ανταγωνισμούς

Sie sehen auch das Wirken der sich zersetzenden Elemente in der herrschenden Gesellschaftsform

Βλέπουν επίσης τη δράση των αποσυντιθέμενων στοιχείων, στην επικρατούσα μορφή της κοινωνίας

Aber das Proletariat, das noch in den Kinderschuhen steckt, bietet ihnen das Schauspiel einer Klasse ohne jede historische Initiative

Αλλά το προλεταριάτο, ακόμα στα σπάργανα, τους προσφέρει το θέαμα μιας τάξης χωρίς καμία ιστορική πρωτοβουλία

Sie sehen das Schauspiel einer sozialen Klasse ohne unabhängige politische Bewegung

Βλέπουν το θέαμα μιας κοινωνικής τάξης χωρίς κανένα ανεξάρτητο πολιτικό κίνημα

Die Entwicklung des Klassengegensatzes hält mit der Entwicklung der Industrie Schritt

Η ανάπτυξη του ταξικού ανταγωνισμού συμβαδίζει με την ανάπτυξη της βιομηχανίας

Die ökonomische Lage bietet ihnen also noch nicht die materiellen Bedingungen für die Befreiung des Proletariats

Έτσι, η οικονομική κατάσταση δεν τους προσφέρει ακόμα τις υλικές συνθήκες για τη χειραφέτηση του προλεταριάτου

Sie suchen also nach einer neuen Sozialwissenschaft, nach neuen sozialen Gesetzen, die diese Bedingungen schaffen sollen

Αναζητούν, λοιπόν, μια νέα κοινωνική επιστήμη, νέους κοινωνικούς νόμους, που θα δημιουργήσουν αυτές τις συνθήκες

historisches Handeln besteht darin, sich ihrem persönlichen erfinderischen Handeln zu beugen

Ιστορική δράση είναι να υποκύπτουν στην προσωπική τους εφευρετική δράση

Historisch geschaffene Emanzipationsbedingungen sollen phantastischen Verhältnissen weichen

Οι ιστορικά δημιουργημένες συνθήκες χειραφέτησης πρέπει να υποκύπτουν σε φανταστικές συνθήκες

und die allmähliche, spontane Klassenorganisation des Proletariats soll der Organisation der Gesellschaft weichen

Και η βαθμιαία, αυθόρμητη ταξική οργάνωση του προλεταριάτου πρέπει να υποκύψει στην οργάνωση της κοινωνίας

die Organisation der Gesellschaft, die von diesen Erfindern eigens ersonnen wurde

Η οργάνωση της κοινωνίας ειδικά κατασκευασμένη από αυτούς τους εφευρέτες

Die zukünftige Geschichte löst sich in ihren Augen in die Propaganda und die praktische Durchführung ihrer sozialen Pläne auf

Η μελλοντική ιστορία επιλύεται, στα μάτια τους, στην προπαγάνδα και την πρακτική εκτέλεση των κοινωνικών τους σχεδίων

Bei der Ausarbeitung ihrer Pläne sind sie sich bewußt, daß sie sich in erster Linie um die Interessen der Arbeiterklasse kümmern

Στη διαμόρφωση των σχεδίων τους έχουν συνείδηση ότι ενδιαφέρονται κυρίως για τα συμφέροντα της εργατικής τάξης

Nur unter dem Gesichtspunkt, die leidendste Klasse zu sein, existiert das Proletariat für sie

Μόνο από την άποψη ότι είναι η τάξη που υποφέρει περισσότερο, υπάρχει γι' αυτούς το προλεταριάτο

Der unentwickelte Zustand des Klassenkampfes und ihre eigene Umgebung prägen ihre Meinungen

Η υπανάπτυκτη κατάσταση της ταξικής πάλης και το περιβάλλον τους διαμορφώνουν τις απόψεις τους

Sozialisten dieser Art halten sich allen Klassengegensätzen weit überlegen

Οι σοσιαλιστές αυτού του είδους θεωρούν τους εαυτούς τους πολύ ανώτερους από όλους τους ταξικούς ανταγωνισμούς

Sie wollen die Lage jedes Mitglieds der Gesellschaft verbessern, auch die der Begünstigten

Θέλουν να βελτιώσουν την κατάσταση κάθε μέλους της κοινωνίας, ακόμη και του πιο ευνοημένου

Daher appellieren sie gewöhnlich an die Gesellschaft als Ganzes, ohne Unterschied der Klasse

Ως εκ τούτου, συνήθως απευθύνονται στην κοινωνία στο σύνολό της, χωρίς διάκριση τάξης

Ja, sie appellieren an die Gesellschaft als Ganzes, indem sie die herrschende Klasse bevorzugen

Όχι, απευθύνονται στην κοινωνία στο σύνολό της κατά προτίμηση στην άρχουσα τάξη

Für sie ist alles, was es braucht, dass andere ihr System verstehen

Για αυτούς, το μόνο που χρειάζεται είναι οι άλλοι να κατανοήσουν το σύστημά τους

Denn wie können die Menschen nicht erkennen, dass der bestmögliche Plan für den bestmöglichen Zustand der Gesellschaft ist?

Γιατί πώς μπορούν οι άνθρωποι να μην βλέπουν ότι το καλύτερο δυνατό σχέδιο είναι για την καλύτερη δυνατή κατάσταση της κοινωνίας;

Daher lehnen sie jede politische und vor allem jede revolutionäre Aktion ab

Ως εκ τούτου, απορρίπτουν κάθε πολιτική, και ιδιαίτερα κάθε επαναστατική, δράση

Sie wollen ihre Ziele mit friedlichen Mitteln erreichen

επιθυμούν να επιτύχουν τους σκοπούς τους με ειρηνικά μέσα·

Sie bemühen sich durch kleine Experimente, die notwendigerweise zum Scheitern verurteilt sind

Προσπαθούν, με μικρά πειράματα, τα οποία είναι αναγκαστικά καταδικασμένα σε αποτυχία

und durch die Kraft des Beispiels versuchen sie, den Weg für das neue soziale Evangelium zu ebnen

και με τη δύναμη του παραδείγματος προσπαθούν να ανοίξουν το δρόμο για το νέο κοινωνικό Ευαγγέλιο

Welch phantastische Bilder von der zukünftigen Gesellschaft, gemalt in einer Zeit, in der sich das Proletariat noch in einem sehr unterentwickelten Zustand befindet

Τέτοιες φανταστικές εικόνες της μελλοντικής κοινωνίας, ζωγραφισμένες σε μια εποχή που το προλεταριάτο είναι ακόμα σε μια πολύ υπανάπτυκτη κατάσταση

und sie hat immer noch nur eine phantastische Vorstellung von ihrer eigenen Stellung

Και εξακολουθεί να έχει μόνο μια φανταστική αντίληψη της δικής της θέσης

aber ihre ersten instinktiven Sehnsüchte entsprechen den Sehnsüchten des Proletariats

Αλλά οι πρώτοι ενστικτώδεις πόθοι τους αντιστοιχούν στους πόθους του προλεταριάτου

Beide sehnen sich nach einem allgemeinen Umbau der Gesellschaft

Και οι δύο λαχταρούν μια γενική ανασυγκρότηση της κοινωνίας

Aber diese sozialistischen und kommunistischen Veröffentlichungen enthalten auch ein kritisches Element

Αλλά αυτές οι σοσιαλιστικές και κομμουνιστικές εκδόσεις περιέχουν επίσης ένα κρίσιμο στοιχείο

Sie greifen jedes Prinzip der bestehenden Gesellschaft an

Επιτίθενται σε κάθε αρχή της υπάρχουσας κοινωνίας

Daher sind sie voll von den wertvollsten Materialien für die Aufklärung der Arbeiterklasse

Ως εκ τούτου, είναι γεμάτα από τα πιο πολύτιμα υλικά για τη διαφώτιση της εργατικής τάξης

Sie schlagen die Abschaffung der Unterscheidung zwischen Stadt und Land und der Familie vor

Προτείνουν την κατάργηση της διάκρισης μεταξύ πόλης και υπαίθρου και οικογένειας

die Abschaffung des Gewerbetreibens für Rechnung von Privatpersonen

την κατάργηση της βιομηχανικής δραστηριότητας για λογαριασμό ιδιωτών·

und die Abschaffung des Lohnsystems und die Proklamation des sozialen Friedens

και την κατάργηση του συστήματος της μισθωτής εργασίας και τη διακήρυξη της κοινωνικής αρμονίας

die Verwandlung der Funktionen des Staates in eine bloße Aufsicht über die Produktion

τη μετατροπή των λειτουργιών του κράτους σε απλή εποπτεία της παραγωγής·

Alle diese Vorschläge deuten einzig und allein auf das
Verschwinden der Klassengegensätze hin
Όλες αυτές οι προτάσεις, δείχνουν μόνο την εξαφάνιση
των ταξικών ανταγωνισμών
Klassengegensätze waren damals gerade erst im Entstehen
begriffen
Οι ταξικοί ανταγωνισμοί, εκείνη την εποχή, μόλις
εμφανίζονταν
In diesen Veröffentlichungen werden diese
Klassengegensätze nur in ihren frühesten, undeutlichen und
unbestimmten Formen anerkannt
Σε αυτές τις εκδόσεις αυτοί οι ταξικοί ανταγωνισμοί
αναγνωρίζονται μόνο στις πρώτες, ασαφείς και
απροσδιόριστες μορφές τους
Diese Vorschläge haben also rein utopischen Charakter
Οι προτάσεις αυτές, επομένως, έχουν καθαρά ουτοπικό
χαρακτήρα
Die Bedeutung des kritisch-utopischen Sozialismus und des
Kommunismus steht in einem umgekehrten Verhältnis zur
historischen Entwicklung
Η σημασία του Κριτικού-Ουτοπικού Σοσιαλισμού και
Κομμουνισμού έχει αντίστροφη σχέση με την ιστορική
εξέλιξη
Der moderne Klassenkampf wird sich entwickeln und
weiter konkrete Gestalt annehmen
Η σύγχρονη ταξική πάλη θα αναπτυχθεί και θα συνεχίσει
να παίρνει οριστική μορφή
Dieses fantastische Ansehen des Wettbewerbs wird jeden
praktischen Wert verlieren
Αυτή η φανταστική στάση από το διαγωνισμό θα χάσει
κάθε πρακτική αξία
Diese phantastischen Angriffe auf die Klassengegensätze
verlieren jede theoretische Rechtfertigung
Αυτές οι φανταστικές επιθέσεις στους ταξικούς
ανταγωνισμούς θα χάσουν κάθε θεωρητική αιτιολόγηση

Die Urheber dieser Systeme waren in vielerlei Hinsicht revolutionär

Οι δημιουργοί αυτών των συστημάτων ήταν, από πολλές απόψεις, επαναστάτες

Aber ihre Jünger haben in jedem Fall bloße reaktionäre Sekten gebildet

Αλλά οι μαθητές τους, σε κάθε περίπτωση, έχουν σχηματίσει απλές αντιδραστικές αιρέσεις

Sie halten an den ursprünglichen Ansichten ihrer Meister fest

Κρατούν σφιχτά τις αρχικές απόψεις των κυρίων τους

Aber diese Anschauungen stehen im Gegensatz zur fortschreitenden geschichtlichen Entwicklung des Proletariats

Αλλά αυτές οι απόψεις βρίσκονται σε αντίθεση με την προοδευτική ιστορική ανάπτυξη του προλεταριάτου

Sie bemühen sich daher, und zwar konsequent, den Klassenkampf abzustumpfen

Προσπαθούν, λοιπόν, και αυτό με συνέπεια, να νεκρώσουν την ταξική πάλη

Und sie bemühen sich konsequent, die Klassengegensätze zu versöhnen

Και προσπαθούν με συνέπεια να συμβιβάσουν τους ταξικούς ανταγωνισμούς

Noch träumen sie von der experimentellen Umsetzung ihrer gesellschaftlichen Utopien

Εξακολουθούν να ονειρεύονται την πειραματική υλοποίηση των κοινωνικών τους Ουτοπιών

sie träumen immer noch davon, isolierte "Phalanster" zu gründen und "Heimatkolonien" zu gründen

εξακολουθούν να ονειρεύονται την ίδρυση απομονωμένων "φαλανστηρίων" και την ίδρυση "αποικιών στο σπίτι"

sie träumen davon, eine "Kleine Ikaria" zu errichten – Duodecimo-Ausgaben des Neuen Jerusalem

ονειρεύονται να δημιουργήσουν μια «Μικρή Ικαρία» – εκδόσεις duodecimo της Νέας Ιερουσαλήμ

Und sie träumen davon, all diese Luftschlösser zu verwirklichen

Και ονειρεύονται να πραγματοποιήσουν όλα αυτά τα κάστρα στον αέρα

Sie sind gezwungen, an die Gefühle und den Geldbeutel der Bourgeoisie zu appellieren

Είναι αναγκασμένοι να απευθύνονται στα αισθήματα και τα πορτοφόλια των αστών

Nach und nach sinken sie in die Kategorie der oben dargestellten reaktionären konservativen Sozialisten

Βαθμιαία βυθίζονται στην κατηγορία των αντιδραστικών συντηρητικών σοσιαλιστών που απεικονίζονται παραπάνω

sie unterscheiden sich von diesen nur durch systematischere Pedanterie

Διαφέρουν από αυτά μόνο με πιο συστηματική σχολαστικότητα.

und sie unterscheiden sich durch ihren fanatischen und abergläubischen Glauben an die Wunderwirkungen ihrer Sozialwissenschaft

Και διαφέρουν από τη φανατική και δεισιδαιμονική πίστη τους στα θαυμαστά αποτελέσματα της κοινωνικής τους επιστήμης

Sie widersetzen sich daher gewaltsam jeder politischen Aktion der Arbeiterklasse

Ως εκ τούτου, αντιτίθενται βίαια σε κάθε πολιτική δράση εκ μέρους της εργατικής τάξης

ein solches Handeln kann ihrer Meinung nach nur aus blindem Unglauben an das neue Evangelium resultieren

Μια τέτοια ενέργεια, σύμφωνα με αυτούς, μπορεί να προκύψει μόνο από τυφλή απιστία στο νέο Ευαγγέλιο

Die Owenisten in England und die Fourieristen in Frankreich stehen den Chartisten und den "Réformisten" entgegen

Οι Owenites στην Αγγλία και οι Fourierists στη Γαλλία, αντίστοιχα, αντιτίθενται στους Χαρτιστές και τους "Réformistes"

Stellung der Kommunisten zu den verschiedenen bestehenden Oppositionsparteien

Η θέση των κομμουνιστών σε σχέση με τα διάφορα υπάρχοντα κόμματα της αντιπολίτευσης

Abschnitt II hat die Beziehungen der Kommunisten zu den bestehenden Arbeiterparteien deutlich gemacht

Το τμήμα II έχει καταστήσει σαφείς τις σχέσεις των κομμουνιστών με τα υπάρχοντα κόμματα της εργατικής τάξης

wie die Chartisten in England und die Agrarreformer in Amerika

όπως οι Χαρτιστές στην Αγγλία και οι Αγροτικοί Μεταρρυθμιστές στην Αμερική

Die Kommunisten kämpfen für die Erreichung der unmittelbaren Ziele

Οι κομμουνιστές παλεύουν για την επίτευξη των άμεσων στόχων

Sie kämpfen für die Durchsetzung der momentanen Interessen der Arbeiterklasse

Αγωνίζονται για την επιβολή των στιγμιαίων συμφερόντων της εργατικής τάξης

Aber in der politischen Bewegung der Gegenwart repräsentieren und kümmern sie sich auch um die Zukunft dieser Bewegung

Αλλά στο πολιτικό κίνημα του παρόντος, αντιπροσωπεύουν επίσης και φροντίζουν το μέλλον αυτού του κινήματος

In Frankreich verbünden sich die Kommunisten mit den Sozialdemokraten

Στη Γαλλία οι κομμουνιστές συμμαχούν με τους σοσιαλδημοκράτες

und sie positionieren sich gegen die konservative und radikale Bourgeoisie

και τοποθετούνται ενάντια στη συντηρητική και ριζοσπαστική αστική τάξη

sie behalten sich jedoch das Recht vor, eine kritische
Position gegenüber Phrasen und Illusionen einzunehmen,
die traditionell aus der großen Revolution überliefert sind
Ωστόσο, διατηρούν το δικαίωμα να πάρουν μια κριτική
θέση σχετικά με φράσεις και αυταπάτες που παραδοσιακά
παραδόθηκαν από τη μεγάλη Επανάσταση
In der Schweiz unterstützt man die Radikalen, ohne dabei
aus den Augen zu verlieren, dass diese Partei aus
antagonistischen Elementen besteht
Στην Ελβετία υποστηρίζουν τους ριζοσπάστες, χωρίς να
παραβλέπουν το γεγονός ότι αυτό το κόμμα αποτελείται
από ανταγωνιστικά στοιχεία
teils von demokratischen Sozialisten im französischen
Sinne, teils von radikaler Bourgeoisie
εν μέρει των δημοκρατών σοσιαλιστών, με τη γαλλική
έννοια, εν μέρει της ριζοσπαστικής αστικής τάξης
In Polen unterstützen sie die Partei, die auf einer
Agrarrevolution als Hauptbedingung für die nationale
Emanzipation beharrt
Στην Πολωνία υποστηρίζουν το κόμμα που επιμένει σε μια
αγροτική επανάσταση ως πρωταρχική προϋπόθεση για την
εθνική χειραφέτηση
jene Partei, die 1846 den Krakauer Aufstand angezettelt
hatte
το κόμμα που υποκίνησε την εξέγερση της Κρακοβίας το
1846
In Deutschland kämpft man mit der Bourgeoisie, wenn sie
revolutionär handelt
Στη Γερμανία παλεύουν με την αστική τάξη όποτε αυτή
δρα με επαναστατικό τρόπο
gegen die absolute Monarchie, das feudale Eichhörnchen
und das Kleinbourgeoisie
ενάντια στην απόλυτη μοναρχία, τη φεουδαρχική σκίουρο
και τη μικροαστική τάξη
Aber sie hören nicht auf, der Arbeiterklasse auch nur einen
Augenblick lang eine bestimmte Idee einzuflößen

Αλλά ποτέ δεν σταματούν, ούτε για μια στιγμή, να ενσταλάξουν στην εργατική τάξη μια συγκεκριμένη ιδέα **die klarste Erkenntnis des feindlichen Antagonismus zwischen Bourgeoisie und Proletariat** την σαφέστερη δυνατή αναγνώριση του εχθρικού ανταγωνισμού ανάμεσα στην αστική τάξη και το προλεταριάτο **damit die deutschen Arbeiter sofort von den ihnen zur Verfügung stehenden Waffen Gebrauch machen können** έτσι ώστε οι γερμανοί εργάτες να μπορούν να χρησιμοποιήσουν αμέσως τα όπλα που έχουν στη διάθεσή τους **die sozialen und politischen Bedingungen, die die Bourgeoisie mit ihrer Herrschaft notwendigerweise einführen muss** τις κοινωνικές και πολιτικές συνθήκες που πρέπει αναγκαστικά να εισαγάγει η αστική τάξη μαζί με την υπεροχή της **der Sturz der reaktionären Klassen in Deutschland ist unvermeidlich** Η πτώση των αντιδραστικών τάξεων στη Γερμανία είναι αναπόφευκτη **und dann kann der Kampf gegen die Bourgeoisie selbst sofort beginnen** Και τότε μπορεί να αρχίσει αμέσως ο αγώνας ενάντια στην ίδια την αστική τάξη **Die Kommunisten richten ihre Aufmerksamkeit hauptsächlich auf Deutschland, weil dieses Land am Vorabend einer Bourgeoisie Revolution steht** Οι κομμουνιστές στρέφουν την προσοχή τους κυρίως στη Γερμανία, γιατί αυτή η χώρα βρίσκεται στις παραμονές μιας αστικής επανάστασης **eine Revolution, die unter den fortgeschritteneren Bedingungen der europäischen Zivilisation durchgeführt werden muss**

μια επανάσταση που είναι βέβαιο ότι θα πραγματοποιηθεί
κάτω από πιο προηγμένες συνθήκες του ευρωπαϊκού
πολιτισμού
**Und sie wird mit einem viel weiter entwickelten Proletariat
durchgeführt werden**
Και είναι βέβαιο ότι θα πραγματοποιηθεί με ένα πολύ πιο
αναπτυγμένο προλεταριάτο
**ein Proletariat, das weiter fortgeschritten war als das
Englands im 17. und Frankreichs im 18. Jahrhundert**
Ένα προλεταριάτο πιο προηγμένο από εκείνο της Αγγλίας
ήταν τον δέκατο έβδομο και της Γαλλίας τον δέκατο όγδοο
αιώνα
**und weil die Bourgeoisie Revolution in Deutschland nur das
Vorspiel zu einer unmittelbar folgenden proletarischen
Revolution sein wird**
και επειδή η αστική επανάσταση στη Γερμανία δεν θα είναι
παρά το προοίμιο μιας αμέσως επόμενης προλεταριακής
επανάστασης
**Kurz gesagt, die Kommunisten unterstützen überall jede
revolutionäre Bewegung gegen die bestehende soziale und
politische Ordnung der Dinge**
Εν ολίγοις, οι κομμουνιστές παντού υποστηρίζουν κάθε
επαναστατικό κίνημα ενάντια στην υπάρχουσα κοινωνική
και πολιτική τάξη πραγμάτων
**In all diesen Bewegungen rücken sie als Leitfrage die
Eigentumsfrage in den Vordergrund**
Σε όλα αυτά τα κινήματα φέρνουν στο προσκήνιο, ως το
κύριο ζήτημα σε κάθε ένα, το ζήτημα της ιδιοκτησίας
**unabhängig davon, wie hoch der Entwicklungsstand in
diesem Land zu diesem Zeitpunkt ist**
ανεξάρτητα από το βαθμό ανάπτυξής της στη χώρα αυτή
τη στιγμή
**Schließlich setzen sie sich überall für die Vereinigung und
Zustimmung der demokratischen Parteien aller Länder ein**
Τέλος, εργάζονται παντού για την ένωση και τη συμφωνία
των δημοκρατικών κομμάτων όλων των χωρών

Die Kommunisten verschmähen es, ihre Ansichten und Ziele zu verheimlichen

Οι κομμουνιστές περιφρονούν να κρύψουν τις απόψεις και τους στόχους τους

Sie erklären offen, dass ihre Ziele nur durch den gewaltsamen Umsturz aller bestehenden gesellschaftlichen Verhältnisse erreicht werden können

Δηλώνουν ανοιχτά ότι οι σκοποί τους μπορούν να επιτευχθούν μόνο με τη βίαιη ανατροπή όλων των υφιστάμενων κοινωνικών συνθηκών

Mögen die herrschenden Klassen vor einer kommunistischen Revolution zittern

Ας τρέμουν οι άρχουσες τάξεις μπροστά σε μια κομμουνιστική επανάσταση

Die Proletarier haben nichts zu verlieren als ihre Ketten

Οι προλετάριοι δεν έχουν τίποτα να χάσουν εκτός από τις αλυσίδες τους

Sie haben eine Welt zu gewinnen

Έχουν έναν κόσμο να κερδίσουν

ARBEITER ALLER LÄNDER, VEREINIGT EUCH!

ΕΡΓΑΖΟΜΕΝΟΙ ΟΛΩΝ ΤΩΝ ΧΩΡΩΝ, ΕΝΩΘΕΙΤΕ!

www.ingramcontent.com/pod-product-compliance
Lightning Source LLC
Chambersburg PA
CBHW011735020426
42333CB00024B/2894